洪老師 禪坐教室 8

如何培養定力

SAMANTHA
DEVELOPMENT

集中心靈的能量

◎作者——洪啓嵩

當我們開始培養定力時，就開始從各種身心煩惱的束縛糾纏中，重獲覺醒與新生，增加身心的主控權，慢慢地，身心自然輕鬆安寧，產生空明喜樂，讓自性智慧光明自然顯現。

CONTENTS
目錄

PART………❺
培養定力Q & A

出版緣起

　　在人類的生命發展史上，禪定是最精緻，也是最深奧的生命學問。透過坐禪，使人類在身體與心靈上，發展出最極緻、圓滿的境界。因此，把禪定視為人類生命發展上最光明的寶珠、最究竟的高峰，並作為人類精神文明的代表，可以說是最恰當的。

　　但是，在過去的經驗當中，禪定往往是投注無比身心精力，透過長期專注修持者的專利品，他們雖然獲得許多珍貴而圓滿的生命經驗，為人類生命開拓出光明的成果。但是，他們卻宛如人類生命中的貴族一般，擁有無比珍貴的生命發展的奧義及技術，往往無法普及於大眾，使人類的身心性命普及提昇，實在十分可惜。

　　因此，如果能讓禪定的智慧及技術，普及於人間，使每個人都能自在適意的學習正確而直捷的禪法，並獲得身心增上的果實，而使人類生命更加發展、昇華，並進化得更加圓滿，實在是這個時代的重要課題。

　　二十一世紀是充滿各種可能的時代，人類向上發展或向下沈淪，都充滿了未定之機。人類要使自己更加進化，或在生技世界中物化，甚至失掉人自身的認知，更是重要的關鍵時刻。因此，這是一個擘劃人類嶄新願景，與再次普遍昇華人類生命的新世紀，而坐禪正是這

一智慧、生命昇華的重要觸媒。

　　所以，這個禪坐教室，就是為了使過去人類偉大的生命貴族們所成就的身心境界，迅速而普遍的落實到所有的生命，使每個人的身心，都得到進化昇華而成立。

　　這個禪坐教室，可以說是為所有想增長昇華身心的人，所規畫的完整訓練課程。希望提供所有的人，從初級的靜坐，到專修禪法的完整修學指導與諮詢，讓所有希望學習的人，正確、迅速、翔實的學習靜坐，並獲得禪法改善身心的圓滿果實。

作者序

　　「制心一處，無事不辦。」這是修習禪定者耳熟能詳的一句話。任何禪修者，惟有透過基本專注力的訓練，然後逐漸養成定力，修禪才有成功的可能。而任何人透過定力的長養，也必然能使自己的人生，更加的順暢、成功，不只能使自己更加的健康、長壽、青春而延緩老化，並使自己的學業、事業更為成功，家庭中的父母、夫妻、親子關係更為和諧歡樂，人際中的關係也更為圓滿。

　　修學定力對於我們日常生活中的言行舉止也有幫助，慢慢地你會發現：我們輕舉妄動的舉止，逐漸地減少了，甚至消失殆盡；對於自我的執著也越來越淡薄，心念也愈漸趨向光明積極。

　　定力的養成，讓我們的人生，不只容易抉擇出正確的方向，而且更加的提昇效能，讓我們的生命，創造出無窮的意義。

　　本書從認識定力開始，讓讀者了解定力對身心全體的利益、定力的內涵以及建立培養定力的正確觀念，培養定力所需的基本條件與積極學習定力的心態，讓自己充分準備好培養定力的條件，減少修習的障礙，再進入培養定力的方法。

定力的培養，除了可以在禪坐中獲得之外，書中更介紹了在生活中培養定力的方法，讓讀者由各種感官中、行走、睡眠中來自然增長定力。書中最後有培養定力的Ｑ＆Ａ，解除讀者一般在修定上的問題。

　　現在，讓我們從培養定力開始，進入自在掌握身心主權的世界，創造光明、燦爛的未來。

PART·········**0**
前言

爲什麼要培養定力

　　對現代大多數的人而言，所謂快樂、自由的最普遍表現，卻往往是一種充滿著競爭、佔有、嫉妒、傲慢、刺激、愛、恨、成功、失敗及各種類似現象的生活。

　　我們的內在能量，長期以來不斷耗損在追求外相虛妄的快樂目的，身心無制地投入於這些無窮的衝動與盲目，忙得沒有絲毫片刻可以真正聆聽自己內在的呼聲。於是壓力、緊張開始植入我們身體的內部，酸痛、疲累及各式各樣的疾病開始入侵我們的身體；同時，心靈的空虛、失望、焦慮等種種不安的狀況，也悄然佔據心頭，揮之不去……。而真正自由自在的生命，卻如同緣木求魚一般的困難。

　　由於我們的心念，就像所謂的「心猿意馬」一樣，狂野得難以止息。這難以自制的心靈，常帶給我們身心極大的苦痛，更因為我們不能掌握自己的心，因此我們的身心，也就從來無法真正的自由自在。

止息心念讓身心歸零安定是培養定力的開端

・培養定力的利益

　　因此透過定力的培養，首先讓我們的心念止息，讓身心歸零安定，然後開始一連串讓自我蛻變的過程，讓我們擺脫一切的干擾與分心，集中所有的心靈力量，直接接觸內在最有力的根源，而利用此定心，可以生起智慧的觀照，是讓我們真正體驗整個完整的自由生命，一種最直接有效的方式，使我們從各種身心煩惱的束縛糾纏當中，重新獲得覺醒與新生。

修學定力讓我們從各種煩惱中重獲新生

　　這種定力的培養本身會使我們的心更加敏銳，藉由深入自己的內心世界，而改變、超越自我，這些特質在心靈修行之外，不論是對自己的事業或是家庭生活上都有極大的幫助。修學定力對日常生活中的行為也有很多的助益，我們輕舉妄動的舉止行為，會逐漸減少甚至消失殆盡。對於自我的執著也會越來越淡薄，對外境的執

著也會日漸消失；而且如果我們有邪惡之心，也能藉由定力的培養，而轉化為正大光明的心。

這種定力修習的另一種好處，就是增加身心的親密聯繫。當我們年輕及身體狀況良好時，心是有力量的，這時修學定力特別有價值，即使當我們開始老化，經過身體改變，心依然是清新而正面的；若是年紀大了再學習，也莫要氣餒，精勤練習，終

學習定力可讓智慧光明自然顯現

有一日，定力會像太陽一般守護著真正智慧，讓自性智慧光明自然顯現。

因此，止息心念，讓我們的身心歸零安定，對於一般人而言，這樣的生活根本難以想像。但是對於一位禪修者而言，「止」是一切禪修的基礎，透過「止」的練習才開始產生定力；如果沒有止息心念，並產生定力，

縱然我們所具有的聰明、智慧,根本就像風中的油燈一樣完全難以掌握,並無法相續保持,而且隨時可能熄滅,無法成為生命解脫自在的力量。

• 「止」讓身心統一、安寧

「止」與「觀」是印度修行方法中的兩大支柱,在中國的天台宗之中,更成為禪定方法中的特殊法門。

止是梵語「奢摩他」('samantha)的意譯,是讓各種妄念止息,使心意安住在最寂靜的狀況,也就是讓心專注、安止寂心的意思。在這種狀態中,由於我們的精神統一專注而逐漸培養出定力。

事實上,止息妄動的心念,是一種十分奇妙的境界。

當我們能夠慢慢的將妄亂紛雜的心念止息時,我們會發覺:原本無法掌控的身心,竟然自己慢慢的增加了主控權。

無法抑制的心念、不曾斷續的胡思亂想,竟然逐漸落在自己心力控制中,自然地停息妄想。

而身體不自覺的妄動與不安,也逐漸在止法中安住不動,身體的氣脈開始通暢、舒適。

在此,身體也與自己的心念統一了。這種前所未有

修學定力可使邪惡之心轉化光明

的身心經驗，不僅是十分的特別而難以言喻，而且十分重要。

在妄想止息之後，我們的身心統一，在止定中安住。這是我們開始向自己的無明妄想，收回身心主權的第一步重要行動。這時，我們會發覺身心產生前所未有的輕鬆安寧，而且會生起相應的空明喜樂。

而身體在妄動止息後，也會自然而然的輕靈自在起來，許多身體外顯的與潛在隱藏的病徵，也會有效的減輕，甚至可能消失於無形。

這時，我們對於自己的身心掌握，也有著難以言喻的自在、自由，這是我們修習止法，產生效果之後，所

可能產生的基本效驗。

　　當然，在修習止法，有許多微妙難思的禪定現象，會在不同的定境中顯現。

• 禪定產生的身心現象

　　我們修學禪定有哪些內在現象呢？或許你會感覺這些現象很好玩，你會發現：「原來我們身心是有這麼多可愛的現象，人類竟然有這麼多奇妙的力量？」或許經由這樣的發現與認知中，你會更愛自己。

　　其實禪定現象絕不只是心理現象，而是身、心全體的現象，這一定要弄清楚的。經由培養定力的過程，修行者會先得到心理的輕安，接著身體的輕安產生，而身體的輕安現象則是表示已經對治身體的過患，所以身體輕安是結果；然後再由身體的安樂再產生心理的安樂，因此，禪定是身心全體的現象。

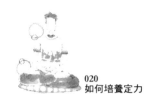

2 定力的內涵

　　地球上的很多文化，都有各自修持禪定的系統，基本上他們都有一個特色，就是想要追尋一個特定的目標，有的可能是為了身體的健康，或是為了心靈的平靜，或是宗教上的需求。而為什麼在此我們特別推崇佛教禪定的方法呢？當然是因為佛教禪定有其特別之處。所以，首先我們來了解一下其他宗教修學禪定的目的。

• 各類修學禪定的目的

為了健康的目的

　　禪定的修學有時候是為了健康上的目的。在印度有很明確為了健康目的所作的修法，最廣為人知的就是「哈達瑜伽」，也就是「猛力瑜伽」，它是一種瑜伽術的體位法，如倒立、肩立等，這些都是屬於哈達瑜伽，其境界歸屬於健康的層次，也算是禪定的一種。

宗教上的需求

　　像猶太—基督教的傳統中有「祈禱」與「冥想」的

有的人為了心靈平靜修學禪定

兩種共通修法。祈禱是直接對著聖靈祈願，而冥想是持續在一段時間中，思惟某一個特定主題，這主題通常是宗教理念或是經文的段落。它的效果和一般禪定一樣：可以感覺到心中深沉的平靜，並且生起一股祥和平靜與幸福的感覺。

像有些印度人崇拜梵天，他們希望跟梵（就是神）結合在一起，想要達到「梵我合一」的境界而修學定力。

這種梵我合一與超越存在結合的修法，並不是投向一個具體形象的神，而是與整個宇宙浩瀚無邊的境界、無邊的超越意識、整個宇宙的創造力量，結合的覺受。

有些人起初或是為了健康而修鍊禪定，有時修鍊到產生許多微妙不可思議的變化，身心產生強大的力量，甚至修得長生不死。像道家的仙人，肉身不壞，羽化登仙；有的由於精神力量集中產生很多強大的心靈力量，到最後可以改變外在特質世界，神通自在變化。

　　雖然其能量非常驚人，然而這些禪定技術並不是根本解決生命內層煩惱的方法，或許透過這些修法的練習，可以自由在天空上飛翔，可是可能回到家，心中還是充滿各式各樣的煩惱。這表示雖然精神能力已經可以集中到某種程度，而產生力量，但是生命的內層煩惱卻依然存在，依然還是會糾纏在其中。很多人修學一般世間禪定修得很

有些禪定是為了宗教上的需求

好，卻還是煩惱不斷，或許有一些煩惱已斷除，但還是無法超脫根本的無明，而得究竟自在。

• 佛教禪定的定義

佛教對於禪定的廣泛定義是：人類在一種身心完全寂靜狀況下的覺受，以及如何達到這種覺受的方法；與這種覺受所產生的威力，如何趨入，如何達到，達到之後，如何運用所產生的力量。

有關禪定的字彙，一般常看到的字眼包括「禪」、「禪定」、「靜慮」，或「定」這幾個用詞。「止」或「觀」也是表示禪定的意思，「止」就是讓身心整個妄念停止，制止妄念的產生；「觀」就是拿這種妄念制止之後所產生的專注的力量，來觀照而產生智慧，並普遍觀照一切，這叫「止觀」。所以，藉由「止」法來修習定力，由「觀」法來修習智慧。這都是禪定的通說。而本書所介紹修學定力的內容，則著重於「止」。

從這些禪定的現象裡面我們可以知道，它會產生一些很喜樂的現象，稱之為「現法樂住」；每一種定境都產生許多喜樂現象，這些現象為「現法樂住」，也是禪定的一種說法。這些現象在日後的書中，會談得更詳細。

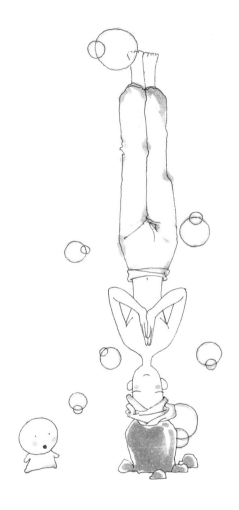

印度的哈達瑜伽為了健康目地修學定力

• 佛教禪定的內涵與目的

當釋迦牟尼佛在菩提樹下獲得特殊的體悟，了悟宇宙的真實現象，便將其對宇宙的正確認知，教導我們身心修行，提出以開啟智慧解脫為目的的禪定，這是佛教禪定的特有內涵。

佛教禪定與其他宗教禪定最大的不同，主要是具有在空間、時間、與心的三個基本觀。由於各個宗教的見解不同，造成整個修行的方向與成果也不同。

大部分宗教對世間的基本看法是：宇宙的時間是有一個開始的，所以有創造主的存在，他們認為一定有一個時間的開始，由這開始才有時空的分割。而時間是宇宙之始，空間是宇宙之母。

但佛教禪定講的是沒有開始（無始），而展現在整個運作裡面的是一切都在變化。

如果我們以一段時空來觀察，可以觀察到裡面所有的現象都有所變化，在運作的過程當中一切都在變化，所以「變動」是一種常態。

因此，以空間上來觀察一切宇宙萬法所存在的現象，可以了知都是由因緣條件所構成，並沒有永續不變的主體。宇宙的一切都是沒有主體性的，都是一種相互

之間的條件變化。

　　而從時間延續上來看，宇宙一切現象在時間序列中，都是不斷變化的。如果能夠了知一切都是在不斷的變化中，則不會受時空的限制了。

　　如果我們不執著於時間、空間，這時候我們才能回到當下，當下才能看到事實。看到事實時，我們的執著、痛苦、妄念都消失。

健康覺悟、快樂慈悲的人生

　　在徹底了知這兩種樣態，打破對時間、空間的誤解和執著後，所安住的就是在宇宙中最圓滿的狀況。

　　在此對宇宙無任何扭曲，所以心靈上沒有任何負擔，而能夠快樂慈悲，生理上也沒有任何負擔，而能夠健康地覺悟，因此整個身心達到最輕鬆、最圓滿的狀況。

　　我們透過這三個觀點來明瞭心、時間、空間的真諦，來修持禪定，當我們到達最高境界時自然成就開悟解脫，這即是佛教禪定的特殊之處。

　　修學佛教禪定，可以幫助我們在生活上需建立正確的態度與人生觀，其中包括自我心念的態度，與他人相處的態度，在團體間相應對的態度。透過對於生活中的正確態度，而培養出良好的定力，更透過定力的增長，

而得到最深的智慧。所以禪定可以說是一種手段，而智慧才是培養定力的最高顛峰。

　　所以佛教的禪定是定、慧二者同時具足的，所以能夠讓我們獲得快慈悲與健康覺悟，而達到自在任運的境界。

禪定是身心完全寂靜的覺受

PART·········❶

觀念

培養定力的要訣

　　培養定力可以獲得很多的利益，因此，想要增長自己的定力，當然也要讓自己具足充分的條件，才能真正迅速有效地培養出定力來。尤其現代人培養定力的條件比古人差了許多，因此，如果能夠讓自己擁有良好的基本條件，站立在良好的基石上，定可以迅速地增長我們的定力。

　　所以在修定前若能具備更多良好的輔助條件，幫助我們在修定時，不僅能除去練習中可能產生的障礙，而且透過這些輔助條件，可以使我們身心更快地得到轉換，發揮生命最大的潛力。

• 培養定力的基本條件
1.具足正確的觀念

　　想要培養定力，首先要能具足正確的觀念，從內心真誠地體解這些正確的見解，而且觀察到自己的身心與宇宙現象的真實性都是不斷變化，在相互變化中，也沒

有真實的主體性存在，在時間與空間上都不產生執著。然後依據這正確見解來指導我們的身心來修持定力，如此來產生正確的觀察與正確的修持，進而能夠讓身心不再妄動，達到最放鬆、最安定自然的狀況。

所以，沒有以正確的知見做為基石，一切都是枉然，錯誤的努力，是得不到圓滿的結果。

2.和諧適當的生活

為了培養定力，在生活條件上，應儘量自我要求生活簡單合諧化，不要太複雜或過於奢華，這樣較容易可以幫助我們阻斷妨礙身心混亂的各種因緣。

但是，有些人如果為了培養定力，就認為自己生活應該極為簡單化，甚至認為不該看彩色電視，應改換黑白電視或不看電視等這種情形，這又似乎矯往過正，這就如同過現代人的生活，卻不使用吸塵器或掃帚來掃地一般。所以生活在現代都市叢林中，應該讓生活適當和諧。

生活的條件也是安適就好，服裝也是適當合宜即可，如果我們每天早晨起床，都要像伊美黛一般面對三千雙鞋，可能不知道要如何外出了，所以合宜的生活是重要的。

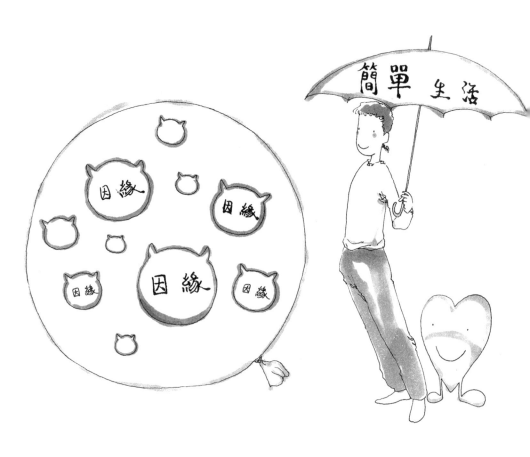

和諧的生活可以阻斷妨礙身心混亂的因緣

飲食亦不要過於飢餓或太飽，現代人大都過於肥胖，適當的運動，讓身體保持健康的條件，都是培養定力都所必須的。

注意飲食的調節

　　學習禪定的人，吃飯時千萬不要吃得過飽，最多七分飽是最恰當的。若想要用斷食的方法，則要注意斷食的次序，不要斷然地斷食，容易使身體受到傷害。斷食要依據正式的方法，才能助益健康。我們要注意飲食的營養，有時修學定力會消耗很多體力，需要適時的營養補充，所以要重視飲食的調節。

　　居住的條件也是適當合宜就好，因為若為了培養定力，一定要選擇居住在安靜、鳥語花香的舒適環境，恐怕也不太容易，所以儘量讓自己的環境清淨是我們都可做到的，我們可依自己目前的能力與條件，來安置自己培養定力的空間。

　　此外，當我們要培養定力時，不管多麼忙碌，在這段時間，儘量要放下一切，專心在修習上。

3.超越外在的誘惑

　　當我們在培養定力的初期過程中，由於定力尚不穩

超越外在的誘惑，可以減少定力的動搖

定，所以要能儘量減少被外在的環境或物質所引誘的機
會，心易隨境轉，而使心無法達到安定澄明，影響定力
的培養。像去購物時，有非買不可的衝動就不恰當，買
東西的智慧也需要定力的，所以對於外在的誘惑都可以
此為原則。

除此之外，我們可以儘量降低各種欲望的強烈追求，超越聲音、味覺等各方面的執著與誘惑。

另外，不要貪著觸感，執著一個要穿某種質料的衣服，而是保有品味但是恰當而不執著。

因為，超越這些外在的誘惑，可以減少定力的動搖，進而更快速增長我們的定力。

4.超越負面的心念

超越自己的負面心念，也可以讓我們培養、增長定力。我們要超越自己負面的心念，轉化貪心為慈悲，消弭主體與客體的對待分別，而產生同體的大慈悲心，像觀世音菩薩就是最佳的典範，無我的心念背後，就不會產生相續負面的心念，只是一心想幫助別人，就自然具足廣大的慈悲心。

轉化瞋心昇華為智慧，像常常忿怒的人，其實心識的反應是很敏捷的，所以透過容易忿怒的特性，將其轉化為敏銳的觀察，而昇華為智慧。

如果個性較嗜睡、愚癡執著，則可以昇華此個性，讓我們在愚癡的睡夢中轉化為光明的睡夢，進而達到夢醒一如的境界。

捨捨棄悔恨、猶疑不定的心，使心安住，並且把懷

疑的心轉成對真理的追求與研究。

　　我們轉化各種負面的心念為正面，是重要的就是將浮動的心放下，不要執著，再避開主客的對立立場，進而讓心念轉向光明面。那麼，以光明正面的心念來培養定力，一定能增長迅速成就。

超越負面心念，可以增長定力

5. 發起廣大的願力

　　我們要在自己的體性上自在安立，才能在培養定力的功夫上不斷研磨。體性上安立是除了具足正確觀念之外，還要加上大悲心，我們所具足的正確見解之中，一定要含容攝持著大悲心，要發起廣大的心願，才能夠快速增長定力。

　　這就譬如種植一棵榕樹在盆景裡，每天很寶貝的看護著，小心翼翼地按時澆水、施肥，無微不至。縱使很辛勤地照顧著，種了五百年、一千年，所種植的榕樹還是只有這麼大。可是如果將這棵榕樹種植在大地上，樹就自然長成棵大樹。所以，如果我們心地廣大猶如虛空，以整個大地、整個宇宙為安住的處所，心越大則成果愈大。

　　當我們學習定力越加增長時，也更加感受到學習禪定的利益與喜悅，這時我們要發起廣大的心願與願力，希望自己所親愛的人以及其他人也能像自己一般，得到真實的喜樂。

　　這發起遠大的心胸與願景，才是培養定力的大戰略。至於戰術就是我們培養定力的方法了。有了整個的大戰略再來良善地修習，這樣的結果才是最圓滿的。

所以我們要發起廣大願力，才能迅速增長定力，否則，進步到某一程度時，就發覺很難再進步。當我們發現自己剛開始有很大的進步，後來就有些停滯不進，這時可以檢討一下自己的心胸是否廣大，願力是否堅定。

　　如果能體會契入、篤行實踐這些要訣，就能幫助我們成就廣大的定力。

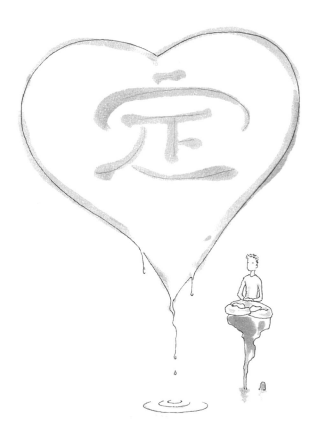

培養定力的重要元素：讓自己的心像虛空一樣廣大

2 積極的態度

當我們開始學習一項新的事物時，產生一個正確的動機是重要的，學習者在整個培養定力的過程中應該不斷重新提起自己學習禪定的正確的態度。在此特別提出：學習去做正確的事，比正確地去做事情更為重要。既然已選擇學習培養定力的正確目標之後，就更應該保有積極的態度來學習。

• 樂意學習各種禪定

當我們開始修學、培養定力時，想要得到定力，應該對於多種的禪定都生起興趣，而且樂意學習各種禪定的方法。決定現在要好好學習能夠超越，增長生命的修學方法。

對於修定的人而言，生起希望之心，希求境界本來是會障礙禪定的；但是，此處所指的不是在用心習禪時所生起的希求之心，而是發起遠大的願景，確定我們學習禪定目標的願心，而且學習者對禪定產生興趣，因而

生起喜樂之心。因為就樂意持續修持而言，若毫無樂求
的心情，不但無法持續學習，也是不可能會努力習禪的。

• **精進的學習**

　　精進的學習，是我們學習成功的重要因素之一，當
然培養定力也不例外。我們可將精進分為身體的精進與
心理的精進二個方向。

開始培養定力時，應對多種禪定產生興趣

因為我們修習禪定時，當然要以最好的身心條件來學習，才能學好定力，身心條件不好，想要得到很大的進步，亦很困難。最好身心都不要放逸，戒除一切不好的習性，抖擻身心，來努力精進習禪，有這樣的態度，便具足身心精進的條件了。

　　培養定力好像鑽木取火一般，久久自然焚燃，所以需要精進學習，否則幾天努力精進，又休息好幾天，一曝十寒，恐怕無法成就善妙之法的。

修習定力，像鑽木取火久久自然焚燃

• 尊重所學習的禪定

禪定是十分可貴的，一般人可藉由修學禪定來改善身心的狀況，宗教家則能依之而尋求到宗教的境界，修道人能透過禪定的修持而離苦得樂，可知禪定是帖生命的甘露（梵語，意為長生不老的仙藥）。

依佛家的看法，現在我們所生存的空間，是屬於欲界⑥，生理與心理兩方面都十分地粗糙，我們的身體有饑餓、口渴、寒冷、溫熱等生理上自然的感受，也有外來的病痛及種種災兵的劫難，永遠沒有安寧的日子，而不得自在，十分地痛苦，心理上也因有種種虛妄的需求，無法安住，意識心念飛馳散亂，不得安穩清涼。

但是，經由禪定的修習，便能逐漸脫離身心的苦難，得到真正的快樂。由於禪定可以為我們的身心帶來種種的利益，所以我們應當對禪定生起尊重的心，而且當我們對禪定生起尊重之心時，這心態能夠讓我們在修持禪定時，自然專注於方法，而且容易獲得禪定的果報。

• 巧妙的學習智慧

修習禪定時，是需要細心體會的，清楚地了解自己的身心，對於身心內外的種種方便方法，能夠清楚的

生起尊重禪定的心，
自然能獲得禪定的果報

明瞭，並且能在適當的時機作巧妙運用，而迅速獲得定力，這就是具足巧妙學習的智慧，也就是所謂的「巧慧」。而且當學習者能夠以智慧了知自己的身心狀況並不完美，然後更進一步思索禪定的理想境界，而且不會執著境界，這也可以稱為「巧慧」。

禪定的修持內容具有許多技術的成分，所以如果具足這些善巧方便，又能加以智慧分別，在恰當的時機使用合宜的方法，則很容易入於禪定之中。

所以巧慧對於練習者而言，是極為必要的，否則，一生努力枯坐也無法獲得禪定，是極為可惜的。

巧妙學習的智慧其實是一種客觀的分別，是對於境界歷歷清晰明白，絕不是主觀的執著，這才是「巧慧」的真實相貌。

• 一心專修禪定

學習禪定的人，如果已經能夠巧慧等量分別，毫無錯謬地用心，開始須要專心守一的修持，就稱為「一心」。就像我們要到達一個未知的地方，要先看地圖認識路徑，了解途中的險阻，具足這些條件之後，就可以專心一致的向前行去。

學習禪定也是如此，所以「非智不禪，非禪不智」，禪智互為依持，禪智互為證明，乃是修禪者的大道。

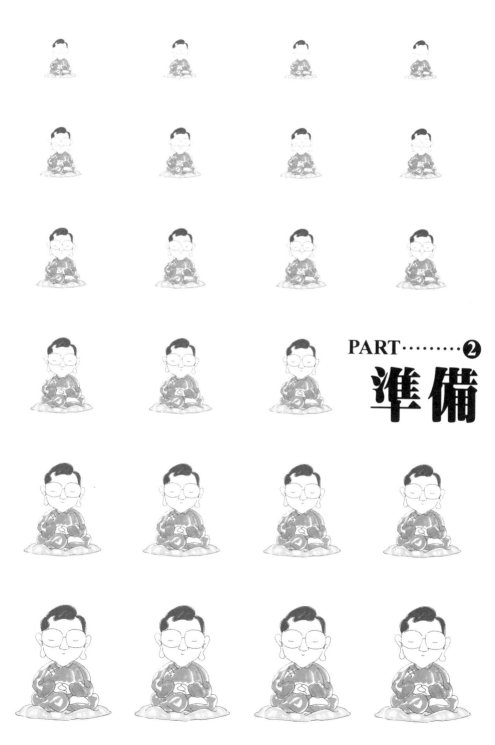

PART·········❷
準備

時間與地點

• 持之以恆的練習

　　持之以恆是培養定力的一個重要關鍵。練習者必須把培養定力當成日常生活的一部分，好像我們每天固定吃三餐一樣，要挪出時間固定練習，盡力不打斷它的規律性，如果能養成習慣那是再好不過了。

　　早上起床後或晚上就寢前都是適宜的時間，但是有些時間則須避免，例如飯後一小時內、喝酒後或是房事後，都不是很恰當練習的時間。

養成每天培養定力的習慣

如果早上早點起床修學定力，從早上的練習當中，得到一天寧靜與專注的開始，持之以恆隨著練習的加深，你會發現到早上的打坐效果，會自然滲透到整天的其他活動，慢慢地，也很自然在日常生活中培養定力了。

早上修定，練習的效果會自然滲透到整天的其他活動中

另外，也可以考慮利用假期來做整天的專修，亦可加強練習的成效。

• 合宜的環境

如果能選擇一個安靜而隱密的地點，是非常理想的，在佛堂前練習也很好，如果條件不具足，在自己房內練習亦可，但是必須注意，告訴同居的親人或朋友，在練習時請勿干擾，還要注意避免突發的聲響干擾，因為靜坐到某種程度時，外界的聲音與我們產生同步感，所以應避免干擾或是有人直接碰觸靜坐者，受到驚嚇而影響練習身心。

此外，注意環境中空氣的流通，但是勿被風直接吹到身體。光線則不要太亮，光線過暗，則容易引起昏沈，或是引發幻象，比較不容易得定。如果光線柔和適中，則比較容易入定。

選擇合宜的環境修定，比較容易入定

2 姿勢

　　修禪培養定力的方法是古德所遺留下來的方法，經過很長一段時間的實驗，所以它的程序已經很完備了。雖然培養定力是修心的過程，但是心與身的關係是緊密相連，彼此交互影響的。

　　因此，當我們要修習定力之前，先將身體調整好，是修習定力的最基礎的準備。

　　在修習定力的過程中，身體的姿勢是很重要，特別是在初期的階段。選擇正確禪定的姿勢不外乎有三個目的：

　　第一、以此姿勢來提供身體穩定感，不必擔心平衡與肌肉疲勞的問題，讓我們能夠專注於方法上。

　　第二、能幫助我們的身體安定，不會常常隨意亂動，如此才能對應到心的安定，讓我們的學習更有力。

　　第三、這姿勢可以讓我們長時間久坐。

　　在傳統的坐禪姿勢，以雙盤與單盤的姿勢最為普遍，而且雙盤被認為是最好的姿勢，顯然也是最穩固的。

雙盤是修定最好的姿勢

單盤

修定的幾種姿勢

• 坐姿的要點

如果可以就以雙盤的坐姿，如果沒辦法才以單盤的坐姿，再沒辦法才以散盤的坐姿，建議還是以雙盤來練習效果較佳，較能聚集能量。而靜坐時，在姿勢上有7個要點，如右圖所示。

我們練習時是坐在方墊及蒲團上，蒲團放在臀後，大約二分之一到三分之一的位置，讓蒲團支撐脊椎，這會幫助我們坐的時間比較久，而不容以疲倦。

並且儘量讓膝蓋能平放在方墊上，萬一無法接觸坐墊，可以在膝蓋下再放個軟墊，以保持膝蓋的放鬆。

當我們按照前面的姿勢，安坐好之後，我們可以手結定印（如前頁圖4所示）。手結定印的要訣是我們可以先讓雙臂放鬆展開，平舉至與肩同高，感覺左右兩手的氣相接之後，再將兩手大拇指微微相接，雙手掌交疊，掌心向上，可將常用的手放在下方。

接著，把背脊伸直，脊椎骨如銅錢般一節一節串起。將大椎骨、肩胛骨放下，頭平正內收，眼睛微開三分，向前注視而看成一片。再把舌頭輕抵上顎，讓唇與齒如往常一樣。

另外，在坐禪前和坐禪後應該做一些運動和自我按

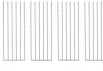

廣告回信
台灣北區郵政管理局登記證
北台字第8490號

全佛文化事業有限公司

姓名：

地址：　市　縣

　　　鄉鎮　市區

　　　請寫郵遞區號……

　　　路（街）　段　巷　弄　號　樓

台北郵政第26～341號信箱

全佛文化事業有限公司
讀者回函卡

請將此回函卡寄回，我們將不定期地寄給您最新的出版資訊與活動。

購買書名：＿＿＿＿＿＿＿＿＿＿＿＿＿＿＿＿＿＿＿＿＿＿

購買書店：＿＿＿＿＿＿＿＿＿＿＿＿＿＿＿＿＿＿＿＿＿＿

姓　　名：＿＿＿＿＿＿＿＿＿＿＿＿＿　性　　別：□男　□女

住　　址：＿＿＿＿＿＿＿＿＿＿＿＿＿＿＿＿＿＿＿＿＿＿

E-mail：

連絡電話：(O)＿＿＿＿＿＿＿＿＿＿＿＿　(H)＿＿＿＿＿＿＿＿＿＿＿

出生年月日：＿＿＿＿＿＿年＿＿＿＿＿＿月＿＿＿＿＿日

學　　歷：1.□高中及高中以下　2.□專科　3.□大學　4.□研究所及以上

職　　業：1.□高中生　2.□大學生　3.□資訊業　4.□工　5.□商
　　　　　　6.□服務業　7.□軍警公教　8.□自由業及專業　9.□其他＿＿＿
　　　　　　職務：＿＿＿＿　修持法門：＿＿＿＿　依止道場：＿＿＿＿

本書吸引您主要的原因：
　　　　1.□題材　2.□封面設計　3.□書名　4.□文字內容　5.□圖表
　　　　6.□作者　7.□出版社　8.□其他＿＿＿＿＿＿＿＿＿＿＿＿＿

本書的內容或設計您最滿意的是：

＿＿＿＿＿＿＿＿＿＿＿＿＿＿＿＿＿＿＿＿＿＿＿＿＿＿＿＿＿＿＿

對我們的建議：

＿＿＿＿＿＿＿＿＿＿＿＿＿＿＿＿＿＿＿＿＿＿＿＿＿＿＿＿＿＿＿

1.眼開三分

2.舌抵上顎

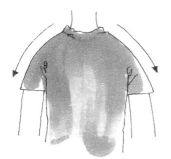

3.兩肩宜平

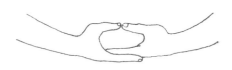

4.手結定印

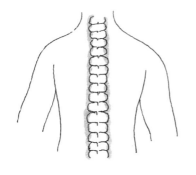

5.脊椎骨如銅錢般一節一節串起

6.頭正收正巴

7.蒲團坐二分之一到三分之一的位置

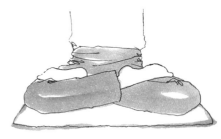

8.儘量讓膝蓋能平放

摩。因為我們坐禪時，基本上是從活動的狀態進入深層
的靜止狀態，或是說從一種粗重的身心狀態進入一種微
細的狀態。

• 下坐的要點

　　而打坐完，則從靜止狀態回復到活動狀態，因此，
有必要採取一些運動與自我按摩的方法，來幫助身心在
坐禪前的放鬆柔軟，或幫助身心在坐禪後重新活絡起來。

多運動能幫助增加定力

尤其是當靜坐一結束就急匆忙的直接回到活動狀態，動作太過粗暴，帶來身體的危害性衝擊。（詳細方法請參閱本系列《靜坐》一書）

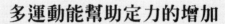

多運動能幫助定力的增加

　　現代人由於生活形態的關係，較多不運動，而不運動的人修習定力，往往較難得力，而身體強、循環好的人較易入定，也較易開啟智慧。若平常身心很調諧的人，很容易就進入修定的狀況。反之，是平常就大小病不斷的人，修習定力就要花較長的時間。

　　所以想修行禪定的人，平常就要多運動，而且最好能多做放鬆的運動，但是若只做鬆弛的運動，沒有肌肉運動還是不足夠的。希望學習者都有強健的體魄。

3 心理的準備

　　現代人培養定力的準備前行，我們可以藉由古德的
智慧結晶，來做好修習定力上的準備，以求事半功倍。
在佛經的《修行道地經》⑦中就舉出了九種準備條件和
四種決心的生起，以下就依次來作介紹：

‧九種準備條件

　　⑴我們應以個人的性
向與性情為主，來選擇
適合自己的練習方法，
才能夠很快速與方法
相應，而產生很好的
效果與進步。

**以個人性向為主，
選擇適合的修行方法**

⑵養成習慣性的練習：一旦決定了培養定力的方法，便要恆常的練習，讓培養定力變成生活中不可或缺的習慣。

將培養定力變成生活中不可或缺的習慣

(3)一有機會便加以練習：現代人都很忙碌，外務亦相當的頻繁，所以如果一有空檔時間，應該要充分的利用，來練習修定的方法。

一有機會便練習禪定

(4)沒有顛倒心：所有事情都要依正確的方法來完成，並且對於所學習的方法與內容有深切的了解、信心與恭敬之心，如果有良好的教授老師指導，或有好的共修的朋友相互激勵，對修習定力也有莫大的協助。

對所學習的內容與方法有適切的了解與信心

⑸掌握適當的時機：是指不管生起任何的障礙，先判定何種方法是正確對治的方法，然後再施以必要的修正；如果能在正確的時機來對症下藥，效果更好。

⑹有分辨力：學習者必須清楚知道自己何時進入定中，應該要安住多久的時間以及何時出定。在整個練習的過程中，都必須在適當的時機完成，運用正確的方法，如此才能純熟的控制好這些狀態。

⑺不輕易自滿：這是一個很重要的心態，自滿是無法讓我們進步的最大障礙，不要誤認一點點的進步就是圓滿的證得境界，必須不斷地繼續努力精進，才有更大的成長空間。

⑻不要丟棄了韁繩：也就是說不要讓心念隨著意識中的景像胡亂漂浮，而忘記了自己

心不會隨意識中的景像而漂浮不定

正在修習定力。

⑼以培養定力為主要修行的項目。

• 生起四種決心

　　培養定力要具足四種決心，它們分別是：

　　⑴磨鍊心念的決心。意思是說我們應該捨棄充滿執
著的心，將它磨鍊成為嚮往修定的心。

　　⑵下定決心以修定的喜樂來安撫自心。

　　⑶下定決心使自己的心念自在舒坦，充滿輕安和遠
離一切的憂鬱。應該捨棄一切粗糙、分別的心，才能達
到這樣的境地。

　　⑷要有獲得圓滿見解的決心。我們應對此加以深思
熟慮；記得，只有實修禪定才能生出真正的智慧。

調和的呼吸

　　培養定力的方法基本上是以人類為主體，因此它的方法大都是針對人類現有的身心來練習的方法，因此，在準備上除了生理與心理的調整之外，呼吸也是很重要的一環。

　　呼吸雖然是自動機能，但是基本上還是受到心靈的影響，即所謂的「心息相依」。我們的六種根本感官：眼睛、耳朵、鼻子、舌頭、身體、意識，在接觸到外界的事物時，會產生感覺作用；而呼吸會由於這六種感官之間的相互關係，而產生不同的變化。良好的呼吸習慣也會影響到心理的感覺，兩者相互影響，相互依存。

　　因此，我們在修定時，首先要先對呼吸的狀況有一清楚的觀察與了解，並加以調和。

　　在打坐中的呼吸，最好以鼻子做為出入而不要用口。鼻是專司呼吸的器官，而且鼻孔有毛，能夠過濾灰塵與微生物，所以打坐的時候宜閉口以鼻子呼吸。

• 調和的呼吸現象

　　入定的調和呼吸方法有四種外相，叫做風、喘、氣、息，簡單描述如下：

　　1.風相：打坐之時，鼻中之呼吸，出入有聲，自他都能聽聞，叫做風相。這是一般人呼吸較粗重者所成的現象。

　　2.喘相：打坐之時，雖然沒有聲音，但是呼吸出入不暢、結滯不通，叫做喘相。

　　3.氣相：坐時雖然無聲，也不會結滯不通，但是呼吸尚粗，出入不細，叫做氣相。

　　4.息相：靜坐時呼吸沒有聲音，也不會結滯，氣息出入不會粗糙，呼吸綿綿細長，若有若無，神采思想安穩，心情愉悅，是為息相。

　　這四個相中，前三者為不調和之相，第四者息相為調和之相。智者大師說：「守風則散，守喘則結，守氣則勞，守息則定。」顯示前三者並非坐時恰當的呼吸，但是當我們的心境逐漸安定之後，則能調為息相。

　　普通人每分鐘呼吸次數為十六次至十八次，一天有二萬三千多次以上的呼吸，前三種風、喘、氣三種不調

之相約略與之相當。但是經由修行之呼吸會變得愈細愈長，甚至達到似有似無的階段，而成為息相。如果用風、喘、氣三者的呼吸狀況作為修心的對象，是比較難以入定的。所以練習者應當細心調適。

• 調適呼吸的方法

1.在靜坐的時候要安心入座，不要為其他事所困擾，如此則心較不會亂想。

調適呼吸的方法：1.安心入坐

2.檢查一下，身上束縛的衣物是否都去除了？要穿寬鬆的衣物，不要縛住自己的身體，襪子、手錶、眼鏡等宜除去，腰帶、領帶等應當鬆掉。

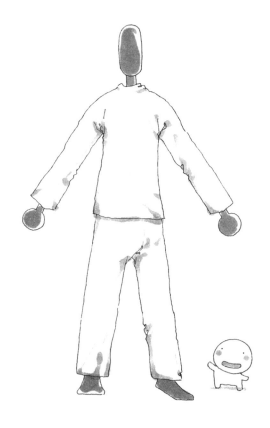

調適呼吸的方法：2.穿著寬鬆的衣物

3.靜坐前是否已經練習了柔身運動？練習柔身運動
作，使關節、身心通暢。

調適呼吸的方法：3.做暖身運動

4.練習定力前，首先將身體中的濁氣吐出，如此緩緩吐出濁氣後再深深吸入空氣，觀想氣息遍諸毛孔，出入通達無礙。

調適呼吸的方法：4.吐出濁氣

5.將心放下一切雜念，令心細緻不粗糙，則呼吸自然微細，呼吸調順，則各種障礙不易生起，心思容易安定。

調適呼吸的方法：5.呼吸自然調順

總而言之，要使呼吸出入不澀、不滑，綿綿細長，是為調息之相。呼吸唯有在此狀況時，才容易入定。

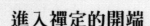

進入禪定的開端

進入禪定時，手臂、臉部、頸子、肩、胸等，會產生異於尋常的感受——一種深入的寂靜感。這種感覺會逐漸遍及全身。

平常我們的肌肉隨都處於某種程度的緊張狀態或者局部性的緊張，此時會將這種緊張會放鬆、寂靜，全身會產生平常無法體驗得到，一種寂靜的感覺。

感覺是依刺激的變化發生，因此避免讓身體產生微動，將此變化為無，會產生一種寂靜。此時，滲透而入的寂靜感，即是入禪定的開端。

PART·········③
方法

剛開始學習禪定的人，一開始打坐，心中難免有許多妄想，不知道如何處理，可以善用一些方法，使心調整適當，不會過於放逸或太緊張，安住於正念之中，便能很快進入狀況增加定力。

　　有些練習者常有這樣的經驗，還沒學習禪定時，好像沒有什麼妄念，開始打坐之後，反而感覺妄念紛飛，以為自己在學習打坐上出了問題，這其實是誤解。

　　剛開始學習時，會有這樣的情形，並非妄念增多，而是因為平時我們的心常常被外在事物影響，被外境所吸引，而沒有注意到自己的妄念，而現在一旦開始靜下來打坐時，心開始沉靜下來，便會發現自己有很多的妄念。

　　這就譬如說在自家門前有一條混濁的流水，平時都沒注意到，所以沒有察覺；當有一天仔細觀察時，才覺察到它的混濁，這並不代表它過去不混濁，而是因為現在看到才知道其混濁，只是平時沒注意罷了！若能察覺到自心中的妄念而且加以對治，便踏出培養定力的第一步了。

　　調心方法是以一般人的妄想紛飛，好像飛出籠子的鳥，無法返回牠的住處，所以必須訓練小鳥回到籠子的

當心開始沉靜，會發現自己有很多的妄念

方法，也就是說先用一種正念將此妄念回歸，使妄念止
息，能後才能進入培養定力的方法，如果無法讓心安住
定止，就無法進入下一個階段了。

　　當心念過於放鬆散逸時，應當收斂身心，調直身
體，使意念明白清晰，並將心念安住於所使用的方法正
念之上，將身體調整使筋骨節節相拄，自然安住。

當修定時的心情太急切或太激烈，功夫用得太猛，希望早些獲得定境，這樣子氣息很容易直衝向上，而導致胸悶急痛。此時應當身、心放鬆，就像把琴弦稍放鬆一樣，由於氣往上衝，所以我們觀想氣息向下流注；或是將嘴巴微微張開，氣息如果很長就任其長，呼吸短時任其短，讓它自然調節，身心便自能調和了。

調心方法是用正念將妄念回歸，
好像訓練小鳥返回籠子

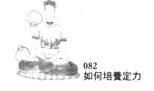

想要進入定境增加定力，基本上，在調心時須注意二個要點：㈠調伏自己昏亂的思緒與妄念，不使要讓它放逸逾越；㈡調和心的浮動與沈寂的狀態，使心處於寬急鬆緊適宜的狀態。

入定調心須要有方法來調整，只有少數根器很利的人，可以不用方法就超越了，但這樣的人畢竟只是少數特例，所以我們還是依據方法來調整，而使定力更為增上。

讓心安止開始培養定力，就可以練習天台智者大師所整理出的三個收攝身心的基本止法，透過專注在一個對象上安心的方法（繫緣守境止）壓制心不散亂的方法（制心止）與體悟真相安心的方法（體真止），讓我們開始培養定力，走向心的覺悟。

專注對象的安心方法
——繫緣守境止

「繫緣守境止」是修定的好方法之一，這個方法是專注心念在一個對象上，在鼻、手、腳間等身內一處或是身外的一切，讓心不馳蕩、不躊躇、不動搖，即是專注於一對象上，將心念安止在那個對象上，使心念不生起。

這種修持方法不單只是佛教有，道教尤其盛行，就是所謂的「守竅」，即是使用這種方法。以下將之分為三大項分別說明：1.繫心於身體某一部位，2.繫心於身內的脈輪或竅穴，3.繫心於身外之物。

‧專注於身體的某一部位

身體的每一部位都可以作為專注的部位，而一般大部分專注於頂上、髮際、鼻柱、臍間、海底輪、掌上、足上等七處，其他部位如脇下、肋骨等部位，較難安定心念，所以不建議專注在此部位。

選擇專注部位的要點，也是以心輪作為分際點，容易昏沉的人，可以選擇繫心於心以上的部位；容易散亂

者，則選擇繫心於心以下的部位。

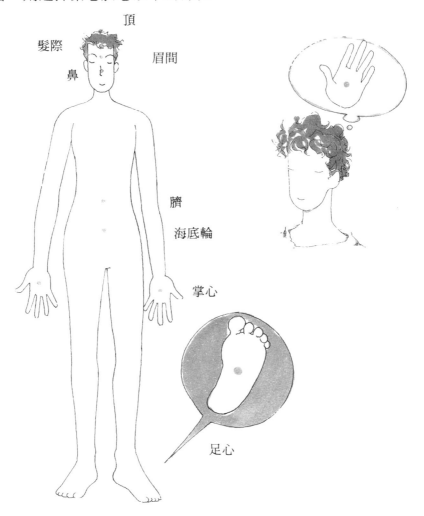

頂

髮際

眉間

鼻

臍

海底輪

掌心

足心

「繫緣守境止」的修定方法，選擇將心念專注於身體的某一部位

頭頂

專注於頂上

a.**專注於頂上**：如果練習時心念常常沈昏愛睡，此時可將注意力放置於頂上。但千萬注意不可在此位置專注過久，如果時間太長，很容易讓人氣往上湧，因此而易得風病，或是像得到神通一般身體想要飛行，而腦部也容易充血，使血壓升高。因為有以上的種種缺失，所以不可常用，用亦不可存想過久。

如果練習時，時間亦不要太長，通常將昏沉的心念調整好時，就練習主要修學方法。

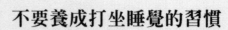

不要養成打坐睡覺的習慣

坐禪的時候心中昏暗、無記，頭部常不自覺地低垂，或甚至頻打瞌睡，這是妨礙身心清明的沉重狀態，這種現象會引發散亂，妨害清明的心。

b.**專注於髮際**：由於此處髮黑肉白，黑白分明，心念最容易安住。有時專注於此會發起本具的白骨觀⑧，看見白骨流光等狀況。但是如果專注的時間太長，眼睛往上看時，有時會見到黃、黑、赤、白等種種光色，如花如雲一般，有種種相貌，令行者情思顛倒，因而心中產生執著，也會有血壓升高的現象，所以也不宜常用。

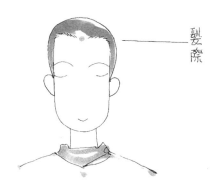

髮際

專注於髮際

不要執著快樂的經驗

在禪修之中，各種微細而安祥的經驗都有可能出現。

或許你會覺得像羽毛一般輕盈、或許感覺全身沐浴在快樂之中，彷彿感覺清涼的微風溫柔地拂過；或是看到星星、太陽、月亮、寶石、花鬘等等的美麗影像。如果有此類似經驗發生，嘗試不要去執著這種快樂經驗，或是複製類似的快樂經驗，這將會阻擾我們培養定力的腳步。

不要執著複製快樂的經驗

c.**專注於眉間**：此處是指兩眉之間，亦是黑白分明之處，容易讓人專注的位置也如專注在髮際一般，能扶起本具白骨觀的修習，看見白骨流光等現象，有時亦可見白毫放光等相貌，但皆是虛幻之相不可執著。

道家最重觀視這個點，以此處為玄關所在，外、內丹交流的位置，而此處也是眼通，最容易於開發的點，但也容易生起幻相，所以修習時，務必有「見一切諸相非相」（見到的一切萬相，如同夢幻泡影一般，沒有真實的存有）的堅決見地；而這個方法亦有前二個方法容易導致虛火上升、血壓升高的缺點，不宜常用，亦不可久住。

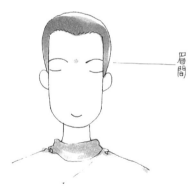

眉間

專注於眉間

d.**專注於鼻柱**：亦可專注於鼻端。鼻是風門，將心念專注於此，能察覺出息、入息念念不住，較易體悟無常的道理，也能扶助定力的修習，練習至心念靜止時能發起諸多禪定境界。像禪宗亦有「但觀鼻頭一片白」的修法，但這個方法已涉及到「觀」的範疇，而非單純的修持安止心念的方法而已。

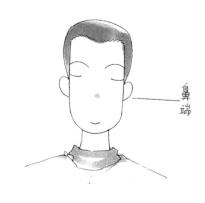

鼻端

專注於鼻柱

e.**專注於臍**：專注在肚臍的位置，能夠去除諸多疾病，有時容易看見身體內的三十六物（指內臟各種器官），發起本具隨息⑩十六特勝⑪等禪觀。像胎兒呼吸都是由臍的地方，是胎息出入之所，所以有氣海之稱（一般謂丹田為氣海）或為中宮，道家所謂的「真人潛深淵，幽遊守規中」亦有其深意。

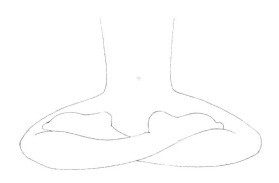

專注於肚臍

f.**專注海底輪**：或稱為地輪，是指臍下四指（三吋）之處，就是一般所謂的丹田（在或丹田正下）的地方。心專注此點，氣很容易隨心而下，讓（地、水、火、風）四大產生調和，五輪亦各得其所，能扶本來具修習的禪定。像修習不淨觀者，多從下觀起，因此專注於此，有時能發起本習的不淨觀門。

專注海底輪的方法雖然對身心有很多利益，但是古來亦傳說對女性學習者有禁忌，由於女性生理結構的關係，不適合繫心於此位置，否則容易引起血崩。這雖然沒有現成的證據，但是建議婦女避免運用此法。另外身體或神經太過衰弱者，亦不宜運用此法，免得產生精華下洩的問題，此點須與有經驗與學養豐富的師長討論。

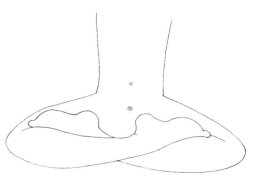

專注於海底輪

g.**專注於掌上**：練習時的姿勢大都是手結定印，此時兩掌疊於腳上，或以右掌在上（法界定印）或以左掌在上（降魔印），不管是何者，都專注於上方的手掌掌心。如果不能清楚的掌握這個感覺，可以將手指輕點於要專注的位置，如此較能掌握。

由於這個方法不是將注意力放置於身體的重要部位上，所以安全度較高，而氣息容易下沉，而能達到身體地、水、火、風四大調和的功效。

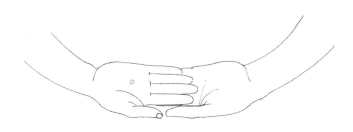

專注於掌上

h.**專注於足上**：將心專注於雙腳跏趺上方的一腳之足心，同樣的，氣息也會隨宜向下，身體的四大亦能夠產生調和。而女性朋友不適合專注於臍、丹田之處，可改於專注於掌心或足心。

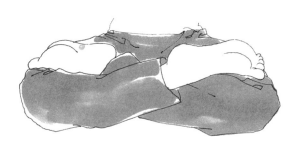

專注於足上

調整心浮動、沉重的原則

　　想要調整這兩種狀態，有一個根本原則，就是以身體的正中央與兩乳之間作為分界點，心如果產生沈重的狀態，就攝持心念，使心念放置於心輪之上，如繫緣於鼻端、眉心、髮際等，使心安住在上述任何一個定點，不使分散，如此則可調整沈重的狀態。

　　如果處於浮動的狀態，調整的方法，則安置心念在心輪以下的位置，如臍、丹田、掌心、足心等，心安住在這些部位可以制止妄念，使心容易定性、安靜。

• 專注於身內的脈輪或竅穴

　　專注體內的中脈輪（身體前後左右之中心的脈結，一般有密輪、海底輪、臍輪、心輪、喉輪、眉心輪與頂輪七個輪）皆可用為止息心念的對象。而道教多有守竅的方法如守靈台、命門等穴，在此不擬詳述。

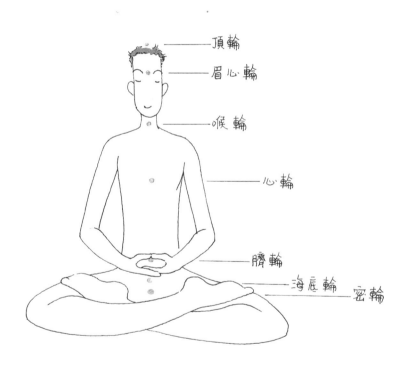

專注於脈輪

• 專注於外境

　　專注於外境，如太陽、月亮、燈光、香枝、曼陀羅等，皆可為專注的對象，此中有很多特別的修法，以下我們練習一些方法，方便大家了解學習。

　　例如修習觀看月輪的方法，最有名的就是月輪觀。在此，我們則練習專注於月輪的簡易的方法，讓讀者能很快速的上手練習。

　　當我們將心專注於月輪上時，這月輪通常是指圓滿的月輪。將我們的心念專注在月輪上，但是不要太用力。我們就這樣看著月輪，持續一段時間，直到眼睛暫時不看，而閉著眼睛都看到月輪，即開目閉目都看到月輪，月輪自然現起，此時心中會生起喜悅的心情。

　　由於圓滿的月輪象徵著我們清淨的自心，因此這個方法亦能帶給我們自心的淨心作用，而且月輪的光明，亦有潤澤我們剛毅的心，讓我們的心更加柔軟、溫潤。

　　而月輪亦有清涼之義，所以修習此方法亦會讓我們心中瞋恚的火氣漸漸轉為清涼。

　　或在虛空中畫一橫，就看著這虛空中的橫線，慢慢地練習，就可訓練在任何情況下，心都可以安止。

　　或是利用身邊的事物練習，如搭乘捷運時，專注看

我們也可以將心專注於月輪上來修定

著柱子，測試一下自己能夠專注多久？

　　或是看著流動的水流、或是虛空……。

　　如上所述的各種修法，都是專注於一對象上，心念
不散亂的方法。我們的心宛如猿猴一般，通常所說的心

猿意馬,即比喻此種狀況。將猿猴置於樹上,一定都活潑得騰躍跳躑,沒有安定之時;如果將之鎖於柱上,時間一久自然能夠調伏。

調伏心猿也是如此。如果心能停止,但尚未入定,我們稱之為「凝心止」;若能入定,身心泯然,任運自然寂靜,稱為「入定止」。

壓制心不散亂的方法
——制心止

　　前面討論是將心專注於一境、一個對象上。而「制心止」的方法是：

　　當我們的心念生起時，即將其壓制使心不散亂的方法，這是心與心的作用，而不是將心定於一個外緣上。但首先我們要能察覺自己的心念，否則便無法練習。

　　因為心不是形色也沒有處所，怎麼可以將之繫在一個境、對象上，境只是因有妄想緣慮，所以必須加以制止。

　　如果心生起覺觀，即壓制心使之不生起覺觀，名之為「制心止」；但是心如果平靜安住，則不須壓制它，只要虛凝其心，止息諸多亂想，即為修學定力。

　　而心的變化並非有一定的規律，有寬、有急、有沉、有浮。如果要對治心沉浮的毛病，則心若浮動，作意使心念安在於心輪之下以止之；心若沉沒，可使心念安住於心輪之上以止之。往下安心比起往上安心，心易得定且對身體有較大的利益。調整之後，心還是要靜住。

制心止：當我們的心念生起時，將其壓制使心不散亂

寧靜安住的特質

　　寧靜安住的心，必須具有著快速掌握對象的穩定性，只是如此還不足夠，心還必須是清明的，而且這種清明必須是強烈、警覺及敏銳的，連一點點遲鈍都不允許。

　　這些能夠讓心易於感受到寧靜安住的微細調整，這並不是很容易做到。所以謹慎的準備是很重要的，逐步地做，不要太強迫自己，特別是開始時，否則你有可能會變得很煩惱，甚至精神崩潰。在此，目標是在日常生活中修持，你選擇一個禪定的對象，在專注於它時，並試著達到並且維持穩定、清明及強烈度。

3 體悟眞諦的安心法
——體真止

這「體真止」的含意較深也最難,一般而言「繫緣止」和「制心止」,這兩種方法能使我們的心靈平靜、安穩。但此二種定心的方法都無法使我們得到究竟的開悟與自在解脫。而「體真止」卻可以達成,走向解脫覺悟的道路。

一般止法在佛家而言,「止」不過是一種定境,是基本的功夫,是為了能「觀」或「起觀」的方便。因為我們在「止」之後,心念才能集中,然後以集中的心念來觀察,才會有力量。否則散心的觀察是沒有什麼作用。所以「止」是一種方便。

隨心所念,我們應該了解一切萬法都是由因緣和合所生,其本身並沒有真實不變的自性存在,若是能夠體悟諸法皆是空寂,而無有執著時,則我們的妄念思慮自然止息,而止於無所止之處,無止之止名為「體真止」。

「體真止」是訓練定力的特別方法,由此方法所修成的定力,不只十分深刻,而且具有洞見實相智慧的力

體真止：體悟法界實相而自然安止

量。

所謂體真止，就是體悟法界實相，而心無所動，自然安住之意。如果我們體悟宇宙的一切現象，都是由因緣條件所構成，並沒有不變自我的主體，所以一切的萬象，不管是構成我們身心的五蘊：色（生理現象）、受（感受）、想（思想）、行（生命意志）、識（主體意識），或是眼、耳、鼻、舌、身、意六根，六識，乃至外在世界的色緣所構成的，也都是空寂為主的。

當我們能體悟一切諸法空的實相，妄想思惟自然止息，止於無所依止，無可止處，心自然安止入於真正的智慧之定，名為「體真止」。

4 培養定力的地圖（九住心）
——九種攝心的過程

　　在我們培養定力的整個過程，其實就是修心的過程，因此，我們一般會經歷九種攝持心念的過程，這九種安住我們心念的過程，就像培養定力的地圖一般，幫助我們走向正確的途逕。當我們了解這九種攝持心的過程，對於我們證入正確的定境，有極大的幫助。

　　這九種攝心的過程如下：

1. 內住：讓心自然安住

　　我們一般人的心念，大多是向外馳放的，心念非常的活潑，就像心猿意馬一樣，難以掌握。當我們開始修習定力時，不可能馬上入定，但是不要灰心，這是每個人必經的歷程。

　　所以在最初始的階段，就是要將這不斷向外攀附一切所緣外境的心念，收攝回來，使放逸心不再散亂，不讓心向外亂跑。

　　這時，我們就可以使用修止的方法，讓我們的心專

注於內心所緣的一境之上。

　　剛開始，我們必須努力地將自己的心放在專注的對象上，儘量試著密集地多練習，當我們的心持續地專注其上，達到念念相續於內心所緣的一境時，心就不向外馳散，我們的心也就寧靜安住了，就達到內住的境界了。而這種境界，又稱為「安住心」。

　　我們的心就像頑猿、野馬一樣難以制服，「內住」的修法，與西部牛仔降服野馬的過程相類似。

　　首先，我們的心就像狂奔在原野的野馬，無法禁制，而禪法就是繩索，而我們就是牛仔、牧者。當我們決定用修止的禪法，來降伏我們自心的野馬，這時我們就如同在曠野大地中，不斷向與我們心性的野馬，展開一場萬分勤苦的對決。

　　在我們經由適當有效的禪法，加上堅定有力的決心與毅力，這時才在極端困苦中，用繮繩套住了我們的心識野馬。

　　在這一剎那時，野馬受到了第一次的降伏，在繮繩的牽制下，在這一剎那中安止了。這時心識野馬安止的時刻，就是內住，我們也是第一次，感受到降伏自己心識野馬的喜悅，與身心的自在幸福。

當我們安住在內住的境界時，在心念上我們將感受到無比的專注與明晰，在這樣的境界之下，自然地，我們的身心都能獲得增長與健康。妄想會逐漸地減少，專注觀察與解析的能力自然增長，而心念定力也有了初步的掌握。

*1.*內住：心識野馬第一次受到繮繩止法的牽制而安止

*2.*等（續）住：讓心相續安住

等住又名為「攝住心」，簡單地說，就是當我們覺知到有一個念頭稍微散動時，馬上就攝持這個心念，使之歸於寧靜，這就是等住或續住之意。

雖然心識野馬已經套住了韁繩，初期的困厄已經安止了，但是，野馬的粗動狂野的心性，並未降伏；也就是說我們粗動狂野的心性仍然依舊。所以，當心一回過神來，又馬上不肯就範，一直想要擺脫韁繩的控制。

這就像一匹被牛仔用韁繩套住的野馬，跌倒後不肯服輸，在站起時立即狂奔狂跳，想要擺脫牛仔的掌控。或是已被帶回牧場的野馬，還是狂野未息，只要牛仔跨騎上背，牠就立即狂奔狂跳，要將牛仔撲落。

當我們初步收攝自己的心念，到達內住的階段時，已經有了初步的掌握，但是我們的心性還是十分的粗動，難以息止。因此，還有很遠的路程要走，要繼續牢牢的掌握禪法的韁繩，來控制降伏心識的野馬。

所以，掌握修持止法達到內住時，剛猛粗強的心識野馬，隨時可能暴起，這時我們就要相續的掌握禪法韁繩，千萬不可鬆脫。

也就是繼續綿綿密密的將心念安止在修持所緣的心

境上，千萬不能讓湧起的心念，混淆散亂了我們的定心，讓我們分心在猛起的妄念上，否則我們就會像牛仔被野馬奔騰的力量所奪，失去了掌控韁繩與平衡的力量，而失控墮馬。

2. 等住：心識野馬，
透過牛仔細密的挫伏，逐漸調和而持續安住

另外就像控制野馬一樣，除了牢牢的掌控韁繩之外，牛仔在馬上更要注意身心的平衡，並注意控制野馬的技巧，務使身心放鬆而且有力，使身體像在馬匹上一樣，讓野馬無法掙脫。

　　所以，降伏心識妄念也是如此，對於妄念的來襲，要能十分清晰的明了相應，不能沒有知覺；但同時不能隨著妄念奔馳而去，喪失了定力。所以，對於妄念要不即不離，身心完全調柔放鬆，但卻能有力的明晰，綿綿密密、孜孜矻矻的運用著止法安心。

　　如此相續以止法使心念澄淨，挫磨妄念，使粗暴的妄念愈來愈細微。就像野馬的暴衝力量，透過牛仔細密的挫伏，反抗力量愈來愈調和一樣，到最後只有乖乖的降伏。在這時刻，周遍地攝持自己的心念，使我們能夠平等而持續的安住，那麼，這就是到達「等住」的階段了。

*3.*安住：能攝心自在安住

　　現在我們的心經由內住與等住的訓練，已經能夠相續安止了。安住的階段就像野馬經過了訓練，現在已經能夠隨著繮繩的操作，而操縱如意了。

*3.*安住：
當新馴的心識野馬分心而引起擾動時
，立即操控繮繩將馬兒完全馴服

但是我們的心念還沒有完全與我們相應，所以還會有向外攀緣、馳散或失念的情形發生。這就像剛剛馴服的野馬，如果遇到以前的同伴或特別的外緣，偶而還是會有無法操控的情形。

　　但是在這個時候，如果我們能夠做到凡是心念馳散、妄念一生起，我們就能立即覺察，而且馬上攝斂我們的心念，將心念專注在修止所緣的方法、境界上，那麼安住心就更加鞏固了。這就像高明的馬師，在新馴的野馬一分心，被外緣所擾動的時候，立即適當的操控韁繩，讓馬兒完全馴服，是同樣的道理。

　　到達此階段時，當我們的心念有向外攀緣、馳散或失念的情形發生，應當立即收攝心念，再安止在內境定心，這就是安住，所以又名為「解住心」。

4. 近住：沒有意念，轉住於內心

到達近住的階段時，我們向外攀緣的心已經止息，心不再動搖，所以轉而樂於安住心所繫的內在境界，這時，就算是有妄念將要生起，也能事先覺知，而將這妄念降伏。也因此心能安住於修止所緣的內境，不再向外馳散了。

這就像久已馴服的良馬，一心為主人，絕不見異思遷。這時，就是主人不注意時，不只不怕被外緣所遷動；就像有偷馬賊前來，良馬會自行預先知覺脫困，或通知主人預行防備。

所謂近住是已經接近於念住的境界。在這時由於時時能親近於念住的境界，所以妄念不再生起，心也不向外馳散，而內住於心。又稱為「轉住心」。

4. 近住：馴服的心識良馬，有狀況發生時，會自行預先覺知
脫困，或通知主人防備

5. 調順：調順心而安住

　　進入「調順」的階段，就像一匹久已馴服的心識良馬，在主人止法的韁繩指揮之下，已經能完全能夠相合順意。但是，現在有外敵想要引誘這匹戰力十足的良馬，想盡了各種方法來加以誘惑。

5. 調順：久已馴服的心識良馬，
在韁繩指揮下，已能完全相合順意

例如：用這匹馬最喜歡的東西來引誘牠，包括了可愛的物品，悅耳的聲音，迷人的香氣，好吃的水草、糖水、食品，最適意的觸感，使馬兒迷醉。接著更運用各種方法，來增長心馬兒原有的貪心、忿怒、愚痴等原有的野性。有時甚至利用公馬或母馬來引誘，令心馬迷戀。

　　千方百計想要設計心馬，讓心馬脫離定法的繮繩，狂奔回野地。但是由於定力的作用，使心馬能伏制這些欲念，拒絕外相的誘惑，仍舊牢牢的跟隨著主人定法的繮繩，操縱如意。

　　同樣地，世間的種種五花八門的外相，總是無時無刻在誘惑著我們，我們的心就浸淫在這花花世界之中，要心不散亂也很難。

　　在佛法中就將這些千奇百怪的誘惑分為十相：像色、聲、香、味、觸等五欲，以及貪欲、瞋恚、愚痴等三毒，再加上男、女二相等，總共有十相。而這十相是容易吸引我們的意念，而使心散亂的。

　　現在我們的心念已安住了，我們已經深知禪定的功德，也完全了解這些欲念的過失。所以，對於這些引發欲念的眾相，我們應當體會其過患。由於我們在止法定心上，不斷的修持增長，透過這些靜定的力量，自然能

夠制止欲念，使我們的內心調和柔順，不會受到這些現象的誘惑，心念自然不會散亂了。

另外，這種調順的「心住」，在《大乘莊嚴經論》⑱中也稱為「伏住心」，是以另一種方向來觀察。其中所指的是當我們久住在靜定，而萌發厭心時，須將這種心折伏，使我們修習定心的止法益加精進。

6. 寂靜：止息心而安住

在到達這個階段，依照牧馬的說法，即是當心馬在牧者韁繩的操控下，能完全隨意自適了，也不怕外來的挑戰誘惑，而使良馬失常。雖然是良馬，還是有許多存在其中的各種障礙、煩惱與限制，如果不用各種方法訓練，還是難以克服。

這就像有些馬比較愚痴、反應遲緩，有些馬較膽怯、貪婪，有些馬則容易瞋恚、脾氣爆躁，有各種各樣的內在缺失。這時，就要靠馬師仔細地找出牠的性格上的缺點，用各種的方法調治與訓練，才能超越這些內在的缺點，而使其成為千里馬良駒，也方能堪足大用。而我們的心馬，也正需要我們這位馬師，來加以調訓了。

調順「心住」中的十相誘惑，主要是來自外境的，

6.寂靜：如馬師利用各種方法訓練，
　　超越內在的缺點而達到內心寂靜

但現在已調伏了。但是外相的誘惑消失了，還是有由內心所發出的各種不法的煩惱，障礙著我們。

這些由內心發出的障礙，包括了五蓋的煩惱，這五蓋能蓋覆我們的心性、智慧，包括了貪欲、瞋恚、愚癡、惛沈睡眠、掉舉惡作與疑等。

除此之外，還有各種不正確的錯誤觀念想法潛伏在心中，如同眠睡般暫時潛伏，不起作用的伴隨煩惱，都可能令我們的心念擾動。

對於這些由內心中所發出的煩惱不善的障礙，我們必須了知這些現象是我們身心的過患。我們必得繼續修習禪法，以內心的淨定功德來降伏這些障礙，並免除了各種煩惱心思的擾亂。

到這種境界時，我們的內心真是寂靜了，所以稱為寂靜心住。但是這種寂靜是如同萬籟寂靜無聲的狀況一樣，並不是證得涅槃境界之後，所謂的涅槃寂靜，因為涅槃的寂靜，是由智慧所發起的；而在此的寂靜，是由定力所引生。

另外，寂靜心住，也稱為「息住心」，是顯示在內心中如果忽然發起動亂，而出生過失時，能立即使其止息的狀況。

身心寂靜的喜樂

　　日常生活中，煩惱的不斷累積，會使我們的身體會變得非常的沉重、阻塞而不靈敏，但是如果精勤的修習專注力，煩惱便會被壓伏。在經驗到「止」的力量後，這些煩惱就會漸漸地變淡，甚至不再生起。當實證到身體的輕安時，身體會感覺到很輕、很舒暢，達成此境界時，我們所做的任何一件事可以歡愉和輕易地完成。

7. 最極寂靜：妄念寂滅而安住

在這個階段，我們的心馬已經是訓練良好的千里馬良駒了，完全的調柔自在，對於馬師的任何指示，都能隨意完成，就是有任何潛存隨惡習與煩惱，也能在現起的那一剎那，自行除遣了，已經是能隨順心主的心識良馬了。

7. 最極寂靜：
我們的心馬已經是訓練良好的千里馬，完全調柔自在

在前面「寂靜」的境界中，是以寂靜的定心來降伏五蓋與不正確的觀念等煩惱。因此，是在這些煩惱現起之後，才加以伏制的。但是現在的「最極寂靜」的階段時，就更進一步了。

　　當我們由於失念，讓修止的定心，剎那失卻時，煩惱不正尋思就趁機現起。但是由於最極寂靜的心住，能在這些煩惱、不正確的尋思一起現行時，立即能不接受而覺察，並且立即加以除遣、立刻除滅，所以名為最極寂靜。

　　這樣的心住，又名為「滅住心」，同樣顯示在貪愛等妄念生起時，能立猛然省悟，以各種方便，使之滅除。

　　我們仔細觀察前述的內住、等住、安住與近住等初步四種心住的境界，主要是以安住於修止緣內境的過程。而到達修止而成就定力時，就要轉為以遠離欲念、惡念及不善之法為主了，所以這時就要用堅強的定力，來澄淨自心。

　　而調順、寂靜、最極寂靜等三種心住，就是降伏內心煩惱的過程。所以從心靜而淨心，我們才能成就正定。

8. 專注一趣：心性合一而安住

　　「專注一趣」的階段時，我們這一位馬師與我們的心馬，已經幾乎是人馬合一了。這時我們的心馬，已不再受到內外各種情境的干擾，只是一心一意的要完成我們的指示。

8. 專注一趣：
馬師（我們）與心馬（心識）幾乎是人馬合一了

所以，我們只要給予心馬明確的指示與不變的方向，心馬就能毫不間斷，而且自然而然的完成我們指示目標了。

　　在這時，我們的心已完全安住，不會受到外境的誘惑與內在煩惱等不良的因素所擾亂了。我們的心，已濱臨於平等正直的持心狀態。只要我們以正確的精進努力，運用加行使心意能夠專注於一境，這時具足功用，就能現起無缺無破，相續不斷的無間三摩地境界。

　　這時我們的心能自然而然的任運相續安住，所以稱為專注一趣的心住。

　　在《大乘莊嚴經論》卷七中，稱這個心住的現象為「性住心」，是指我們的妄念已止息，了知心性本來光明，而任運安住的境界。

• 等持：心已安住於正定

到達這個階段，可以說作為心王的馬師及心馬，完全冥合為一了。

由於不斷的演練純熟、善巧修習，我們這些馬師，不必再給予心馬加行指示目標，也不必再賦予特別不變的方向功用，心馬與我們已自然冥合了。

這時，我們要作什麼事，心馬自然完全體解同心，絕無散亂、自然任運的相續完成。我們已完全自由了，我們的心與我們自身也統一了。

這是比專注一趣更圓滿的境界。此時，由於我們精勤的善巧修習，所以現在功夫完全純熟了。因此，我們不必再用任何的加行，也不必再增長任何的功用，自然能無有造作，任運自在行道了。

我們此時沒有散亂的相續安住，不由加行也無功用，自然證入心的三摩地而得定境。定力此時更能任運相續，不會有散亂的轉動，所以稱為等持心住。

等持心住又稱為「持心住」，是指功行純熟，心住於正定，不必經由作意，任運的持善不失，持惡不生的得定境界。

9.等持：馬師（我們）與心馬（心識）完全冥合為一

以上是九住心的修習過程。在此要將這九住心清楚的解說，是希望修學定力的人，能清楚了解自己的定境狀況，有所依循，免得不能正確修持。

九住心的過程，依聖者所言，是一個完整的修持定力的學程，修止的方便歷程，不會超越這九住心，也不外乎就在九住心法門的範疇之中。

讀者能掌握這九住心，可以說是掌握了一份修止的地圖，能幫助我們順利抵達目的地。

PART·········④

生活中培養定力 的方法

由視覺增加定力

在現代社會中，各種傳播媒體及流行商品，創造了各種奇奇怪怪的流行文化，不斷地重新定義我們的人生價值、美麗與意義，讓我們的眼睛被這花花世界所迷惑，讓我們沈溺於其中甘之如飴，不只奉送了我們的金錢，也讓我們的心靈迷失在其中。讓我們深陷在他們所創造的視覺迷障中，輪迴痛苦，卻還自以為美麗、自以為快樂。

更由於現代科技文明的發展，大量的印刷品不斷的牽引著我們的視線，讓我們的眼睛更加迷惑，心靈更加迷惘。

再加上電視機的發展，運用電視機來代表我們的眼睛，替我們的大腦來看世界。我們的眼睛牢牢的黏在電視螢幕上，有線電視的發展，更讓我們成為名符其實的電視人。

電腦與網際網路，更透過視覺變本加厲的攫奪我們的意識、靈魂，在不動互動虛擬境界中，宣洩自己的原

始本能，而模糊自己存有的覺性。

在視覺的覺知中，我們比古人的生活處境更加為難了！但是，在此我們要透過人類眼睛本具的功能，不是增加迷惑的程度，而是透過視覺來培養增長定力。

• 練習的方法

我們平常如何透過觀看萬物的眼睛來增加定力呢？

首先，當我們準備觀看外界的事物時，我們應當清楚的知道，自己正要去看東西，而且在觀看的過程當中，我們也清楚的知道自己正在觀看。而觀看完畢時，當視線要脫離所觀看的對象時，我們很清楚的知道自己的視線正在脫離。

剛開始練習時，可以慢慢的觀看，好像慢動作一般，儘量讓自己很清楚自己的視覺，所進行的一切動作行為，不要因為貪求快速，而模糊了練習，反而效果不好。

當我們在漸漸練習當中，習慣了這樣的模式，當我們要運用眼睛去看任何東西的時候，便能很清楚的看清東西，而且也清楚了知自己的心念。

練習到這個階段，是否被物象迷惑而無法掌握自己

1.清楚的知道自己
　正要去看東西

2.觀看的過程當中，
　清楚知道自己正在觀看

3.要脫離所觀看的對象時，清楚的知道自己的視線正在脫離

的眼睛，是否能夠自由自在，或是被煩惱所縛著，我們
的靈魂之窗，掌握著重要關鍵。

　　所以，當我們眼觀看萬物之前，應當清楚的知道自
己的眼睛要觀看萬物的情景、狀況。而我們正在觀看萬
物時，也清楚的知道自己正在觀看萬物。

當我們視線轉移時，也很清楚的知道自己視線的轉移。當視線被導引時，很清楚知道視線被導引。當不再看某一對象時，很清楚知道自己不再看此對象。我們的視覺與心，要相應合一，不要讓眼光像野馬一般，拖拉著我們的心到處亂晃，也不要讓眼睛隨意地緊抓著我們的心，掌控我們的心，讓我們心隨著視覺而迷離。

在日常生活中養成眼看萬物時，同時心也明白清楚，在長期的養成中，定力就自然增加了，而我們的眼光就能覺觀萬法，對於萬事萬物的本質，都能很清楚了知！對於一切的人，也因此更能和樂相處，對於所有的人、事、物，眼睛都不會被拘絆，而迷惑我們的心靈。

什麼是「法眼淨」

經由視覺慢慢增加定力，臻致成熟的境界時，我們就能真正地見到諸法實相，也就是所謂得到「法眼淨」，就是法眼得到了清淨。

法眼是佛教中五眼之一，五眼是：一般見物的「肉眼」、能見宇宙眾相無礙的「天眼」，正見諸法的「法眼」，得見一切智慧的「慧眼」及正見無上菩提的「佛眼」。

讓我們眼觀萬物時，完全覺知，讓我們眼觀著實相，讓我們用溫馨、和諧、關懷、喜悅及沒有執著的眼光，顯露慈悲、智慧。也用我們的眼睛，療治別人的傷痛、憤怒、痛苦。眼睛是我們心靈的窗口，讓我們的清淨心與一切人的清淨心，圓滿的交會！

由視覺增加定力，讓我們的清淨心與一切人的清淨心圓滿交會

② 由聽覺增加定力

　　說話是一門藝術，聽話更是一門高明的藝術。我們的耳朵每天二十四小時開放著，不斷接觸外境，隨時隨地聽到聲音。

　　聲波以某種獨特的模式刺激耳朵，這些聲波在腦內被轉譯成神經刺激傳導，而那些神經刺激則對意識呈現出聲音的模式。當我們聽到一個聲響時，常常是產生很多的聯想與續想，可能在腦中出現很多想法：「那是什麼聲音？誰發出來的？到底發生了什麼事？是否有危險……」頭腦就這麼一直想下去，除了我們的幻想之外，得不到任何答案。

　　而且在這現代生活中，很多人長期都被聲音所操控。無法在聲音中自主，更不用說體會聲音的實相。

　　有些人的耳朵已經被訓練成只喜歡某類型的聲音，有些人喜歡聽古典音樂，有些人愛聽流行音樂或重金屬。有些人愛聽特定的廣播節目等。當不能聽到這些聲音時，就覺得十分的難受不自在。

不同的人有不同的喜好，這種喜好傾向，可能是來自民族、文化的因緣關係，像中國人對中國樂器、西洋人對小提琴較熟悉等。

可是大多數的喜好可能已成為慣性，不只沈迷，有時不聽還真的會受不了。常常有些朋友到任何地方都要帶著收音機、錄音機或 CD，不聽音樂不行，而無法享受大自然的音聲。

因此，如何從隨著聲音流轉，迷惑自己的心靈中解脫而出，可以說是讓自己自由、自在的重要契機。

如果能夠利用聽聞聲音，來增加自己的定力，而不是讓聲音左右著我們的想法，那真是太美好！如果因此修持得法，也是最易修行成就的。

・練習的方法

天台宗的開祖智者大師在《小止觀》中就說明利用聽聞來修學定力的好方法。他說：「耳聞聲時修止者：隨所聞聲，即知聲如響相。若聞順情之聲，不起愛心；聞違情之聲，不起瞋心；非違非順之聲，不起分別心，是名修止。」

這聽聞聲音的方法就是：當我們隨所聽聞的聲音

時，可以立即覺知到這些聲音好像山谷中的聲響一樣，是短暫不實而且虛妄的，一下子便消失無蹤了。

如果我們聽聞到隨順著我們情意的聲音，聽起來非常舒服，但是卻不會因為好聽而生起愛著的心念。聽聞到違逆我們情意的聲音，也不會因為讓我們不舒服，而生起瞋心。

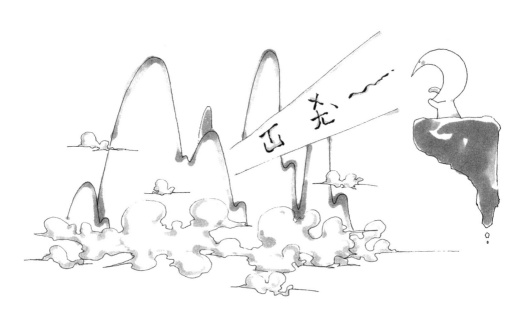

聽聞聲音時，能覺知這聲音如同山谷中的聲響是短暫而虛妄的

聽到喜歡的聲音，不會因為好聽而生起愛著

聽到不喜歡聽的聲音，不會因為不好聽而忿怒

聽聞到不是違逆，也不是順應我們心情的聲音，也不會生起分別的心念，而去加以檢擇。

聽到好聽或不好聽的聲音，都不會生起分別的心念

當我們在聽聞聲音之前，我們已覺知自己在聽聞聲音，現在聲音的生起，我們清楚的覺知聲音的生起；聲音的寂滅，我們也覺知聲音的寂滅。

　　如此一來，我們正清楚的覺知自己在聽聞著聲音，也不會被聲音所迷惑或掌控。在聽聞任何聲音時，有著清楚的自覺。我們透過清楚的覺知聽聞，將讓我能從聲音的迷障中脫離，而聽聞到聲音的實相。

很清楚的知道聲音的生起、寂滅

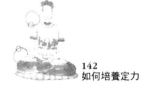

這樣的練習方法，並不是要我們裝聾作啞，故意聽不到聲音。而是當我們聽到聲音時，要清楚地聽到聲音，但是在心中安止不動，不要聽到好聽的聲音，吸引了你的注意力，而產生愛執；聽到違逆的聲音，同樣也被吸引過去，心情產生變化，而生起忿怒厭惡的情緒，聽到一般的聲音，仍然不斷地加以分別。

練習聽聞聲音的方法，能讓我們聽得比平日更清楚

或許在聽聲音的過程中，生起這樣的想法：「那我將耳朵搗起來，聽不到聲音算了，那我的心就不會亂想了！」

　　但這就像鴕鳥把頭塞進沙裏，以為看不到就沒事了，這是無濟於事的。甚至，即使我們把來自外面的聲音斷絕了，但內在還是會有一大堆聲音。

　　除非是我們已經證到二禪以上的聖默然定㉑的境界，否則我們內在的語言系統是不會停止。

　　所以，現在即使把外聲音停止了，內在的語言系統，仍然不斷地播放著，自己跟自己講話。因此，沒有外在的聲響或外人跟我們講話，反而腦中會更厲害的，自言自語甚至自己倒跟自己吵起架來了。

　　所以，藉由耳朵聽聞聲音的方法，才能真正斷絕聲音對自我的操控。練習熟練時，不見得會停止聽到聲音，可能會聽得更清楚，但心中安止，而不起分別心。不過，在一些深定中，可能內外的聲音都默然停止。這時，才是真正的聽到沒有聲音。

3 由嗅覺增加定力

　　海畔有逐臭之夫，各國也有各自喜歡的特別味道，像中國喜歡臭豆腐，而歐洲人喜歡乳酪的味道一般。但是當我們聞到好聞的香氣時，心中多多少少會生起染著，聞到不好聞的臭味，大多也會快速掩鼻而過。

　　其實所謂的香味、臭味的分別，都是因為鼻根、香塵與意識的結合，根本沒有絕對的香味與臭味。

· 練習的方法

　　同樣的，智者大師在《小止觀》中以嗅覺的修持方法，有如下的解說：「鼻嗅香時修止者：隨所聞香，即知如化不實，若聞順情之香，不起著心，違情臭氣，不起瞋想，非違非順之香，不生亂念，是名修止。」

　　這是說明我們要以鼻嗅氣味來增加力定時，是隨著我們的聞嗅氣味時，能夠即時了知這些氣味，是如幻化而不實的。

　　如果我們聞到了隨順著我們心意的香氣時，不會生

起貪著的心念，而執著於這個氣味。聞到了違逆心意的臭味時，也不會生起瞋恨的心念，如果生起瞋恨的心，同樣也是被此臭味所執縛，而聞嗅不是違逆也不是隨順的氣味，也不生起混亂的心念，仍然清楚明白，如此便能在嗅覺中增長定力，這是以嗅覺來修止的方法。

聞到香味不會生起貪著的心

聞到臭味不會生起瞋恨的心

聞到不香不臭的味道不會生起
混亂的心，心仍然清楚明白

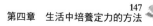

4 由味覺增加定力

　　凡是注意美食的國家，由於對美味的堅持，而創造出很多的美味佳餚，中國菜聞名遐邇，所以中國人要透過味覺來培養定力，可能比較困難。因為食物本來是為了維持生命的存在而讓我們受用，如果太執著於味覺，對於修持自然有些妨害。

堅持味覺的不良後果

　　佛經中有一則故事，京到有一位沙彌生平就很喜歡乳酪的味道，非常嗜吃乳酪，只要食物中有乳酪，就吃得非常的津津有味，吃再多也不厭煩，生活中、意識中都充塞著乳酪。甚至身亡的時候，因為意識受到嗜吃乳酪的習慣導引，竟然投生為蟲生於乳酪之中，堅持味覺，竟能到此地步。

　　可是，如果我們知道自己執著於美味，而想要突破此狀態，藉由味覺來培養定力，也是超越自我的良方；如果自己不會沈迷於美味，那麼，以味覺來培養定力，

更是得心應手了。

　因為以味覺來培養定力的第一個階段：就是不沈迷於美味。

由味覺增加定力的第一步是：不沉迷於美味

• 練習的方法

　　不沈迷於美味，並不是說吃任何東西時，都沒有知覺，不知道是好吃或不好吃。而是在嚐到美味時，清楚地覺知味美好吃，而且是知道好吃，但不會隨之而生起貪愛之心，顯得非常愛吃；於不好吃、不美味的飲食，也不生起厭惡之心，只是很清楚的知道不好吃，但還是食用。

　　如果嚐到不是美味，也不是惡味時，不只能夠清楚了知，也不會生起分別心認這好吃、不好吃而加以檢擇分別。

嚐味的方法（一）：嚐到美味時，清楚知道好吃而不貪愛

嚐味的方法（二）：嚐到不美味的飲食，清楚知道不好吃，
　　　　　　　　　　也不會生起厭惡之心

嚐味的方法（三）：嚐到不美味也不是惡味時，清楚了知而不會加以分別

對於味覺所受用的味道，就是清楚明白味道，而不會受到味道好壞的影響，而心中產生分別，在日常的飲食中，我們如是練習，慢慢就在味覺中培養出定力了。

在舌嚐眾味的修持中，智者大師在《小止觀》中，也提示了由味覺增加定力的方法。他說：「舌受味時修止者：隨所受味，即知如夢中得味。若得順情美味，不起貪著，違情惡味，不起瞋心，非違非順之味，不起分別憶想，是名修止。

這是說明，當我們舌頭受味的時候，隨著我們所受用的各種味道，能夠清楚了知這些味道，就如同我們在夢中所得的味道一樣，虛幻不實。如果，我們得到順意的美味，能夠不生起貪著的心。嚐到違逆心情的惡味，也不生起瞋恨心。嚐到不違逆，也不順意的味道，仍然不會生起臆想分別，如是便能在味覺中增加定力。

• **以味覺證得解脫的範例**

藥王、藥上二位菩薩一樣，他們從無始劫以來，都是良醫，他們嚐盡了娑婆世界的草木金石。並且對這些藥材的藥性非常的清楚，知道各種特性，無論苦味、醋味、酸味、淡味、甘味、辛味等，各種混合所產生的各

種味道，或是冷性、是熱性、有毒性、無毒性，全部都清楚了知。

　　而且當他們完全體悟這些藥材的藥性及特色之後，由於了知味的體性，體悟出不是空、不是有、也不是身心、亦不是遠離身心，完全體悟了味性的實相，遠離了一切分別，因此而開始解脫了。

　　這不但與中國的神農氏一樣，以嚐百草之味來救世。而且更進一步，以味覺來修持，因而悟入法性。

5 由觸覺增加定力

　　人類身體的觸覺是非常敏銳的，如何運用敏銳的身觸來增加定力，在《小止觀》中，智者大師就提出由觸覺來增加定力的方法：「身受觸時修止者：隨所覺觸，即知如幻化不實。若受順情樂觸，不起貪著，若受違情苦觸，不起瞋惱，受非違非順之觸，不起憶想分別，是名修止。」

　　這是說明透過觸覺修學定力時，隨著我們所覺知的觸感，能夠清楚了知觸感是如幻不實的，而不會生起執著。

　　因此，當我們感受到隨順心情的觸感時，不會生起貪著喜愛的心念。如果是違逆心情的觸感，也不會生起瞋忿煩惱的心情。感受到不是違逆也不是順心的觸感時，也不去生起臆想分別，這就是以觸覺來培養定力的方法。

• 練習的方法

　　當我們要觸摸時，我們要覺知觸摸、當接觸時，我們也覺知接觸的現象。而接觸結束時，們也覺知接觸的結束。

　　我們完全了知身體所受的觸覺時的種種感覺，透過這種覺知，讓我們的心自然得到定力。

觸覺的方法（一）：感受到隨順心情的觸感時，不會生起貪愛、執著的心念

155

第四章　生活中培養定力的方法

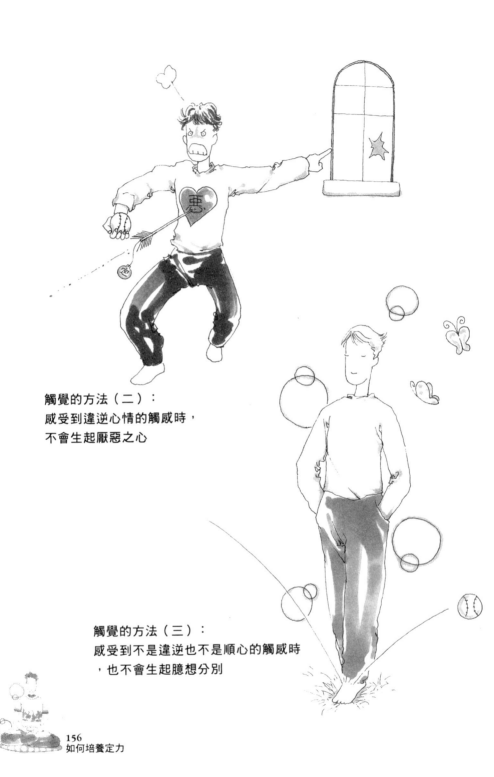

觸覺的方法（二）：
感受到違逆心情的觸感時，
不會生起厭惡之心

觸覺的方法（三）：
感受到不是違逆也不是順心的觸感時
，也不會生起臆想分別

在行走中增加定力

　　用雙腳走路雖然是人類最平常簡單的動作，但卻可能是經過百萬年的進化發展，才確定下來的姿勢。想到自己能用雙足行走，與老祖先當初跨步的艱辛，總是有著深深的感激之情。有了這樣的心情，走起路來總是充滿著喜悅。

　　不管是平常自在的行走、悠閒的散步，或是需要疾速的行走，都無妨舒適自在而豐厚的感受著。

　　對於善於行走的人而言，除了體能因素外，快慢並不是問題。在需要快速行走時，他的身心依然是放鬆悠閒的。緩緩漫步時，依然是一心專注，隨能發出彈性動力。只是隨著需要，自由的調整。

　　所以，輕鬆自在的行走，是我們想在行走中增加定力者須體察的。好的行走，能幫助我們身心健康，並成為禪定與智慧的訓練。

• 練習的方法

走路的重點是要自然放鬆。我們可以如同在水中行走，或全身像氣球一般充滿，自由自在的走著。我們行走時，全身放鬆、完全自然，並繫念在身，清楚的知道自己的行動。

行走是細密而連續的動作，因此有許多微細的動作，各自獨立自主的發生，並不容易清楚了知。所以，我們可以將行走的動作，分成幾個明顯的層面，以方便我們容易觀照。

當我們要開始行走之時，先清楚的覺知自己未走動前的姿勢，然後清楚的知道自己是先以左腳或右腳離地。

當左腳或右腳劃出優美的弧度，踏實在地上時，右腳（或左腳）再接著離地。

我們清楚的知道左腳抬起、落下，右腳跟著抬起、落下，左腳再抬起、落下等過程。

不要急躁，當先踏出的一腳踏穩之後，才再抬起另一隻腳。只有腳步踏穩，身心才會輕鬆自在。

我們每一步伐，都清楚明白。心念、身體、大地、清風、聲音、香味、天空、自然、宇宙，都毫無間隙的統一起來，而一心一意，清楚的行走著。

練習行走增加定力時，
清楚的知道自己腳步的抬起、移動、落下。

我們在這樣行走的過程中，心念會因此愈來愈明靜，身體也愈來愈輕鬆。我們的心，更可以像明鏡一般，微細的觀照著自己的步行動作。在我們的覺知能力，愈來愈強時，我們也可以把行走的動作次第，分的

越來越細，而很明晰細密的知道自己的所有動作。

剛開始時，我們主要覺知著自己提起左腳（或右腳）、踏下左腳（或右腳）、再提起右腳（或左腳）等連續動作。而在每一隻腳上，我們都觀察「提起」、「踏下」兩個步驟。

此時，我們的覺知力，要持續不斷的觀照著左、右腳的連續動作。

接著我們可以再細密的觀照下去，這就像拍電影一樣，用每分鐘十六格，或二十格的底片拍攝，當拍攝完畢放映時，拍攝格收愈多的，動作就會更自然。

因此，我們現在可以再觀一腳「抬起」、「移動」、「踏下」等三個動作步驟。這時，我們的心雖然同樣的連續觀照，但將更為明晰精細。

再來我們可以如同電影分鏡一般，將動作再繼續細分為四個、五個、六個乃至七個動作，漸次增加。從提起腳根、全腳抬起、移動、踏下、觸地、貼地、踏穩等次第明照清楚。

在這過程之中，可以依著自己的覺知能力，逐步明照，甚至再細分的更細亦可。但是當觀照不明晰時，就保持在較少的步驟中覺照。

最後十分細密的把行走的全部過程，完全覺知了。
這時，我們不必再依循著次第的步驟覺知。全部的行走
歷程，就像明鏡或淨水的倒映，乃至像看 DVD 一般清
楚的明現了。

行走增加定力純熟時，
全部行走歷程，就像看 DVD 一般清楚明現

日常行走練習須注意安全

在日常生活中的行走，一定要清楚覺知周遭環境，以策安全，不能只是一味的覺知自己行走的狀況而已。當然，當我們的覺知觀照能力清楚增強時，這根本不成問題。但在初修日常生活的行禪時，還是要特別注意。

安全第一

日常行走練習定力，必須注意安全。

我們現在如果保有對周遭環境的適宜覺知能力時，我們應當同時覺知自己的走路情況。透過不斷的練習後，我們的身心已經更能放鬆了，這時以愉悅自在的心情走路，並覺知自己的行走，會感受到身心極大的歡喜。

　　這時，我們不再漫不經心的行走，而是身心充滿了正念、活力，依著清楚的覺知行走著。

　　當我們的心更加明晰時，行走時就能更平穩自在，其實更不容易受到外來的傷害，對突發狀況的反應也更加快速。

　　行走時的安穩喜悅，在覺知中能自然的增長，我們就像貓或老虎的行動一樣，既放鬆又充滿了覺察的力量。既舒服又不容易受到傷害。這時，如果有突發的異常狀況，我們就能像龍行、虎躍一般，迅疾的反應。

　　初開始在日常行走時，要提起意念觀照著周遭的環境。然後，再心如明鏡般的觀照覺知自己的行走。最後，這兩種覺知能力會完全統一，我們的心能同時鑑照著外界的環境，也覺知著自己的行走。

　　接著，我們能更細密的觀照自己的行動，從提起、放下腳，到細分為更多的步驟。在此同時，我們對外界的覺知也愈來愈細密明確。在與外界互動時，身體自然

做出恰當而柔軟的反應。

　　這時，我們也像順著水流行動的魚，全身自在放鬆的在水中行走。全身輕飄飄的像氣球一樣，隨時滑彈輕鬆。

　　我們的覺知力愈來愈完整，愈來愈明晰，我們的步伐愈來愈細密輕柔，步履安詳而自在。但同時我們的覺知力，又像細密的警示器一樣，隨時做正確的反應。

　　在日常生活中的走路，自然增加定力，能讓我們的身心兩利，獲得更好的健康與智慧。因此，每天在行走中，培養定力，是十分美妙的。

在睡眠中增加定力

適當的睡眠是生命最佳
的保養，但有些人總是一再
折磨自己，讓自己無法安
睡，消磨了寶貴的身心。

一個沒有焦慮的人，在
疲累時能夠馬上入睡，睡飽
足之後也能立即醒來。而一
個具有高明的心靈能力的
人，更能隨時隨地入睡。而
當需要醒來時，更能即刻醒
覺。他的心靈像電燈一樣，
要睡時就關起來，要用時就
開啟，隨時運作自如。

如何達到這樣的境界？
利用在睡眠中增加定力的方
法，慢慢便能具足這樣的能

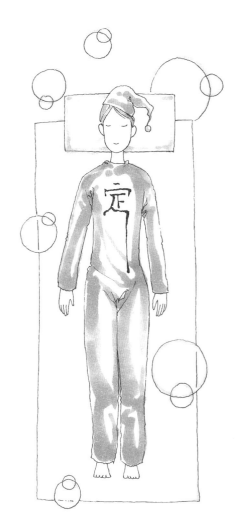

**選擇適合的睡姿，
來練習在睡眠中增加定力**

力。

　　我們選擇適合自己的睡姿，或平躺、或吉祥臥。

　　當我們完全躺下後，要清楚的覺知自己的身體，就像用鏡子明照一樣，無分別的看著。

　　我們知道一般睡覺姿勢不會一成不變的，所以，當我們身體移動時，要清楚的覺知其移動。在這樣練習過程中，要注意覺知的力量，要十分明晰，但不要提得太強，以免心念太清楚、太強烈，而影響睡眠或無法入眠。

　　這時，如果認為覺知自己的躺臥，不夠明晰，也有禪者主張要專注於身體的觸覺。修習者這時以清晰的覺知心念，專注的觀察著右臉頰與太陽穴，接觸枕頭的感覺，右手、臂部與身體的側面，接觸床的感覺。

　　此外，也有人主張在躺臥時觀察呼吸。覺知呼吸的出入、長短、全身的出入及寂止等現象。

　　就一般情形而言，我們從醒覺會經歷一段過程，才到睡眠。而在這一段過程當中，我們從清醒躺臥到想睡，開始半睡半醒，最後入睡了。對於一般人而言，似乎總是迷迷糊糊就睡著了，一點都搞不清楚何時入眠。

　　不過，當我們要練習在睡眠中增加定力時，最好不要放任自己的心靈，迷糊而毫不覺知。

如何培養定力

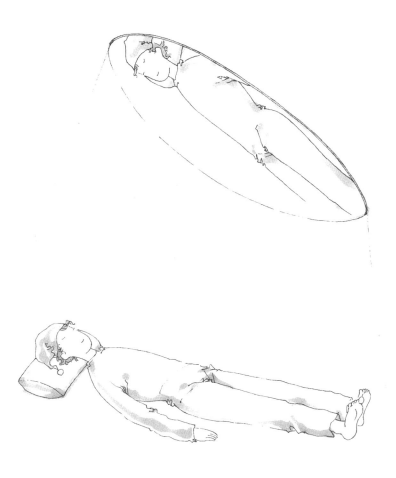

躺著睡覺時，好像鏡子一般清楚的照著自己所有的狀況

因此，我們應當從開始躺臥、想睡覺、半睡半醒之際，不管應用前述的何種方法，都要清楚的覺知。並且，最後連是要那一念入眠的，都能清楚明晰。

　　或許有人會問：「如果連入眠的那一念，都清楚知道，那我們還能睡得著嗎？」

　　答案是肯定的。因為睡眠是要心完全放鬆休息，可並不一定要我們的覺性跟著迷昧不清。

　　因此，當我們身心完全休息時，明照的覺性雖然完全寂止不動，但還能如清明的鏡子般鑑照無礙，甚至發起夢幻光明。但是這種狀況，不只一點也不會打擾我們的深眠，甚至讓我們睡得更好，休息得更深，實在是妙不可言。

　　這種奇妙的睡夢禪觀境界，在古代有許多大德無礙證人，筆者個人也曾深深的受用，感受到這種境界。

學習者注意事項

　　在睡眠之際培養定力，要用輕鬆自然的心，輕輕的提起明白清楚自己的所有動作，使身心明晰。但是不要太用力，如果太用心力，意識會太過明亮，不只無法引生真正的覺性光明，反而真的讓人失眠了。

我們仔細觀察自己的睡眠過程。在睡前的一念，還未入睡，沒有完全休息。在睡後的一念，則已經入睡，無法覺知。如果我們能保持在入睡的那一念；既還沒有入睡，保持覺知；也完全沒有妄念，不再分別意念，這時，我們可能能完全的睡眠又保持著清明的覺照。

　　但是，這樣的境界，畢竟要透過長期精勤的練習才可達到，千萬不要懷疑自己為什麼做不到，而弄得一睡覺就緊張，或是因此而失眠，那就本末倒置了。

　　所以，輕輕的提著覺知，知道自己何時入眠，在入眠之後，依然清明的睡覺，是在睡眠當中培養定力所能達到的境界。

• 夢中悟道的範例

　　在睡夢中增加定力的方法，古來就有很多修行成就的大德在昏沈愚痴中，開啟光明的智慧。

　　元朝有一位高峰原妙禪師，就是在睡夢中悟道的。他曾經由於在忽然憶起「萬法歸一，一歸何處？」而生起疑情，後來因此而得到初步的解悟。

　　後來他的師父雪巖禪師問道：「日間浩浩作得了主嗎？」

他回答說：「作得了主。」

雪巖又問：「睡夢中作得了主嗎？」

他回答說：「作得了主。」

接著雪巖又問：「正睡著而無夢時，主在何處呢？」

高峰禪師在此無言可對，也無理可伸了。

雪巖這時才說：「從今之後，不要你再佛學法，窮古窮今。你只要饑來吃飯，睏來打眠，才一覺醒來，就抖擻精神。」

原來功夫到達一定的境地，是要拋棄一切外在的追尋，連佛法、古今學問都停止追究，只是一心的在生活中落實，體悟自心。

高峰禪師這時被這覺困住了，不知道主人公在甚麼處安身立命？於是，他自誓拼掉一生做一個癡獃漢，也一定要明見這個實相。

結果五年之後，他有一天睡覺，正疑著這件事，可見他五年之間，念念在此。這時忽然同宿的道友推落枕頭落地作聲，而他竟驀然打破疑情而徹悟了，就如同在天網地羅中跳出來一樣。

這時，他自稱：「所有佛祖誵訛公案，古今差別因緣，無不了了。自此安邦定國，天下太平，一念無為，

十方坐斷。」

此時，所有的禪宗公案，及一切生命的問題，無不明瞭了，他已徹見了實相。

由此，我們可以了解在睡覺、夢境中，還有那麼多深層的境界。如果只是在無夢的境界裏，沒有覺性做主，還是迷惘的。

所以，在夢中、無夢中、有夢無夢之際，全部要能自覺做主。

也因此，有人以為修行要成就生死覺明自在。我認為生死自在是一個重要的基礎，我們如果有把握在成為植物人時，雖然沒有辦法表達任何事情，但是心性還是明覺自在，那才是一切無礙了。

PART·····⑤

培養定力 Q & A

本書所教授的培養定力方法，是讓身心徹底增長的方法，本章將一般常見修定的問題整理、解答，希望有助於大家的定力增長，快迅開啟智慧，超越自現的身心狀況，達到圓滿光明的境地。

1. 練習專注於一個對象的方法時，我將注意放在掌心上，卻無法將注意力專注其上，怎麼解決呢？

答：想要專心在手心上，可以先用大拇指稍微壓一下要專注的手掌心，讓專注的對象明確，如此就容易專心在掌心了。

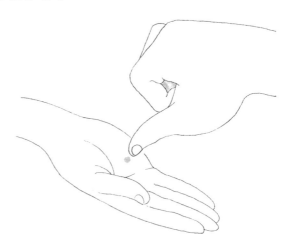

想專注在手心時，可先在掌心壓一下，加強專注的力量

2. 我將心專注於外境的一個對象上時，有時會感覺到
專注的對象晃動不定，應該如何處理呢？

答：這是專注的力量太緊的現象，稍作調整即可。
首先將心放鬆。再來，將眼睛放鬆，不要盯著對象看，
晃動的現象應會消失。

3. 修定時有頭暈的現象產生，該怎麼辦？

答：修定的過程中，如發現頭暈、噁心、出虛汗的
現象時，可以停止練習，稍微休息一會。這可能是貧血
或是身體較為虛弱的現象，不必驚慌，休息一下即可恢
復正常。漸漸地，出現頭暈的時間會延後，再來頭暈現
象就慢慢消失了。

此外，可注意一下，自己頭部的姿勢是否有做好，
頭部平正的要領如果有做到，讓頭部與身體產生良好的
連結，促進血液的循環，也有助於頭暈現象的改善。

如果練習一段時間後，頭暈的現象沒有改善，可以
適當縮減修定的時間。另外，也可在飲食上多吃些補氣
的食品，如核桃、松子、杏仁等乾果（注意不要油炸過
的，油炸的容易上火），在飲食上來幫助身體調整。

4. 練習時很容易受外在的聲音影響，而且有時會受到驚嚇，要如何處理比較好呢？

　　答：修定時，我們的眼睛、耳朵、鼻子、舌頭、身體、意識等六根，會變得比較敏銳，也較容易被干擾。

　　但是在此我們利用這外在環境聲音的影響轉化為修定的利益，所以我們先將眼、耳、鼻、舌、身、意放鬆。

　　當我們修定到某種程度時，外界的聲音會與我們產生同步感，所以，我們特別放鬆耳朵，讓明利的耳朵轉為寬厚自在。

　　甚至觀察這些干擾的聲音，其實就如同我們每個念頭一般遷變無常、虛幻不實。

　　然後再繼續回到原先練習的方法上，安心用功靜坐。

6. 練習時想要專注，卻發現有更多的妄想，這時應如何處理呢？

　　答：當我們開始培養定力時，我們的心開始慢慢沉靜下來，因此，我們會發現妄想更多，因此我們妄想紛飛的心，就像狂野的馬或牛一般，此時我們就將心專注在所使用的方法上，就像馬或牛的繩索一樣，來駕御、控制我們散亂的心，使心宛如馴服良馬一般，能夠自在

地駕御牠們，妄念就漸次消失了：駕御久了，我們的心也自然能入於專注、寂靜的境界。

7. 練習止法時，坐了一個小時不動專注在一個點上，有時覺得很無聊，無法繼續練習，怎麼辦？

答：如果練習的方法，已經變成一件蠢事，而感覺無聊時，可以確定一件事情：你已經不在方法上了。

所以，你覺得無聊時，請再提起正念，將心專注在方法上，不要認為一切都是理所當然，再給自己一次機會，再專心在方法上。

或者，你可以開始將心念專注在無聊的狀態上，無聊的生起、消滅，看得清楚明白，重新檢視無聊，就像從來未曾經歷過這種狀態一般。當然將無聊心態看清楚之後，再回到方法上。

或者，乾脆無視無聊的存在，無聊的心態就像一片雲一樣，飄過來又飄走了，心還是專注在方法上。

修定到覺得無聊時，應該再將心念回到方法上，
或視無聊像一片雲一樣，飄來又走了

8. 在修定的過程中，身體感覺疼痛，無法繼續打坐下
去，如何處理？

答：沒有人喜歡痛苦，但是我們似乎常常會碰到，
而且在修習定力的過程，似乎都有機會與他相會。

要處理身體的疼痛的問題，首先，我們先釐清這個問題，當你會感覺身體疼痛時，其實你已經不在方法上了。所以，當你的身體疼痛時，請記得，將注意力再轉回方法上，疼痛便消失。如果沒辦法再使用以下的方法。

　　你可以專注在你的疼痛上，看著你的疼痛的種種變化，只是放鬆地看著，而且我們由身體疼痛的中心點放鬆開來，當身體放鬆時，其實心理也鬆了，而且看著疼痛的生起與消失之後，令人驚訝的：痛苦不再造成傷害了。它不見了。然後我們何以繼續在自己的方法上了。

當你專注在身體疼痛時，其實你已經遠離了練習的方法了

9. 我在培養定力的過程中，剛開始練習時身心覺得很舒服，可是，不知道為什麼，有時心中會感到不安或心神不寧，怪怪的，我應該如何處理比較好呢？

答：其實人類很擅長於壓抑一些事情，將它掩蓋而不是直接去面對一些不愉快的經驗，好像這些不愉快的事就無需去處理了。

很不幸的，這樣的方式，讓我們的心靈承受著很多的壓力，經由修定的過程中，這些力量就悄悄的出現了，這就造成了我們的不安與心靈不安的感覺。當然，這些不舒服的感覺，我們還是看著它就好了，不要逃避，也不要壓制，我們的心只要清楚明白的看著就好，觀察著自己的不安，他終究會離開的。

慢慢地，我們會通過不安的考驗，他出現了，他離開了，完全無法控制我們的心，然後我們可以再回到自己所練習的方法上。

10. 我在修定的過程中，有時候會莫名其妙地感覺很恐懼，促使我不敢再繼續練習，我應該如何處理比較好呢？

答：修定的時候，有時候會莫名其妙的浮現恐懼的

狀態。他的發生可能有許多原因，可能是曾經受到某件事深刻的影響。雖然被壓抑的情緒被隱藏起來，但是，在修定的過程中，它可以從潛意識中浮現出來，我們應該直接面對恐懼，了知恐懼的真實面貌亦是虛幻不實，如是便超越恐懼了！

　　如果還是很害怕，就看著你的恐懼，清楚的看著恐懼的來龍去脈，好像一個好事好奇的旁觀者，看著整個恐懼的變化，或是看著一個探照燈清楚地照著這一切的變化，讓整個恐懼的情緒自然消失。

　　恐懼就不會沉入潛意識中，也不會再回過頭來困擾你了！

在修定中生起恐懼時，可以像一個旁觀者一樣，看著自己的恐懼

11. 在禪坐的過程中，有時覺得火氣很大，應如何處理？

答：其實我們在修定的過程中，是會穩定心中的妄念，應該是降火氣而全身清涼的；但是如果妄念紛飛，火氣經常會上升烤焦身體中的水氣，而使精神隱晦不明。因為我們的眼、耳、鼻、舌、身、意六根大部分都集中在頭部，因此，如果妄念紛飛讓我們一直處於持續思考的狀況，持續讓眼睛盯著東西，持續緊張用力不放鬆，那麼火氣必然上升的。

但是，如果我們修習將專注力放置於心輪以上的部位時，亦容易引起火氣上升，應將專注力放置於心輪以下，手心、腳心都是不錯的位置。總而言之，當妄念消弭時身心亦會感到清涼，漸漸身心一如而神清氣爽，身心爽利。

火氣上升時，可以將心念放置在心輪以下

12. 我在修定的過程中，覺得自己的練習很平順，沒有太大的問題，但是，有時練習完晚上卻睡不好覺，這是怎麼一回事，我又該如何處理呢？

　　答：這可能是心火太旺所引起的現象，稍微調整一下，睡不好的情形，應該有所改善。

　　可能在修定的過程中，心念太往上提，尤其是將意念專注在頭部，而使心念太燥而火氣上升、太睡，使得腦細胞一時無法平緩下來。

　　所以，請你在修定的過程中，將心念往下沉，專注於手掌心或腳掌心，原則是不要提，然後儘量讓身心完全放鬆，那麼，睡不好的情形應該會改善。

　　等調適過後，睡眠品質或許會增加，而且慢慢地睡眠時間可能會減少，而且醒後覺得精神充沛有活力。

13. 常常聽到「入定」這個名詞，入定到底是什麼樣的狀況？為什麼練習時還無法達到入定的狀態呢？

　　答：入定所出現的情況，依我們所使用的方法不同，入定境界也會有所不同，因為不同的方法，會影響定境的作用。

　　根本的定大致有：未到地、欲界定、初禪、二禪、

三禪、四禪等；而所用的方法有：數息法、念佛法門、通明禪、四念處、五停心觀等，依方法的不同，所顯現的定境亦不相同。

基本上可分為身體、呼吸、心念三者來看，當我們入定時，身體會變得比較安定，而且呼吸變得更細微，在心念亦愈來愈定止，這只是初期所展現的現象。

由於身心安定的現象，會促使身體的地、水、火、風、空五大作用自然產生調整；因為此時的心念已經很微細，所以能夠察覺到五大變化的現象。

例如：有時身體會有凝然不動的現象產生，或感覺到身內徐徐動搖（其實身體並未搖動）等，而這些現象都還尚未入於定境，這是身心在調整的過程，慢慢地不會再進入定境中。

如果進入正定時，則會有以下幾種現象產生：定、空、明淨、喜悅、樂、善心生、知見明了、無累解脫、境界現前、心調柔軟等十種善法產生。

而修定時難以入定可以由生理、心理（心態）及環境三個因素來談：

1.生理因素

如果身體狀況很溇、體質衰弱等，想在短時間內馬

上入定，在基本的修件上就不是很具足了。

　　但這並不表示無法入定，在初期可能也會有初「止」的狀況產生，如果能夠在修定過程中逐漸改善調整身體，那麼，慢慢地你就會進入定境。

2.心理因素

　　如果你一開始想培養定力的心態不正確，為了希求入定來培養定力，恐怕以此心態反而不容易入定。

3.環境因素

　　對於初修者而言，如果環境很吵雜，或是室溫太熱、太冷等都會影響入定。

培養定力的過程中，身心的逐漸改善調整，會使您易於入定

14. 我一直很努力地培養定力，為什麼都覺得沒進步呢？又如何才能知道自己的定力增加？

答：其實培養定力的成果與培養定力的心態，有著極大的關係。

如果以大地來做比喻，發心大的人心地廣大，如同大地一般；發心小的人，心地狹小就如同花盆中的泥土一般。

同樣的種子，種植於大地中，只要因緣條件恰當，就能長成大樹，供後人乘涼；種植在小盆子中的種子，不管多細心的照顧，百般雕琢，還是一棵小小精緻的樹。

培養定力就是一粒種子，發心大的人，只要福德條件因緣具足，就有很大的進步空間；發心小的人，初期還是進步很快，但進步到一定程度之後，速度就較慢下來了。所以進步的快慢與培養定力的心態是有很大的關聯的。

如果我們培養定力，不只是為了個人的利益而已，而是為了整個廣大的生命界，那麼，我們在心靈上比較不會計較個人得失，這種心態對於培養定力比較有幫助。

在練習的過程中，心靈會隨著練習的深入而產生愈來愈微妙、敏銳的變化，因此受到自己觀念的影響也會

愈來愈深層。所以正確的心態，能使練習者心胸坦蕩，與禪定相應。

　　培養定力是講緣起條件的，如果條件具足就進步快；反之就進步的比較慢，所以不要以時間的長短來判定自己學習的進度；但是，可以確定的是每一個人只要有正的確的目的、方法與指導，便一定能有長足的進步。

　　而且培養定力的過程，其實是很個人性的，進步的情形，最好和自己做比較，而不要與他人相比。

檢測自己的定力是否增加，最簡單的方法就是反省自己

最簡易的方法是反省自己。

・身體是否比前健康？

・心靈是否比從前更加愉快？

・身體是否比前健康？

・心靈是否更愉快？

・比以前更慈悲、有智慧？

・是否更具足積極的力量？

今天的我有沒有比昨天的我更加慈悲、更有智慧、或更有力量……等等，如此就知道我們是否從培養定力中得到利益。

另外，培養定力的進階雖然有跡可尋，但是，這也因為人的不同，而有所差異。千萬不要以為每一個人培養定力所產生的現象都會完全相同；要了解，當別人有任何現象產生時，自己未必也要有同樣的過程，請先建立這樣的觀念。但是，大家對於任何靜坐現象的最基本觀念是：只要不是對身心有太大的影響，就不必過分去理會。

如果能依著《金剛經》所說的：「見一切諸相非相」，那麼，我們培養定力的旅程，必是十分地坦蕩。

註 釋

①**初禪**：行者在未到地定中，證得十六觸的成就，是為初禪成就。此時因為修行者心漸微細，色界的中陰（投胎的力量）出現，與我們欲界的身體地、水、火、風四大相觸，而有動觸產生，這是由於體內的風大增盛，而從支分神經傳導到中樞神經，這就是初禪的境界。

②**阿羅漢**：聲聞四果之一，如來十號之一。指斷盡一切煩惱而得盡智，值得受世人供養的聖者。後世多用來指稱聲聞弟子之證得第四果位者而言。

③**四禪**：四禪亦名為不動定或具捨禪。此定發起時，體無苦樂，與微妙的捨受，此定與捨根相應，所以名為捨具禪。

④**業力**：業是指有情的行為，梵語為 Karman，原為印度的獨特思想，在印度人中相當普及，並以之為招致輪迴轉生的一種動力。佛教沿用此語，謂以此「業」為因，能招感苦樂染淨之果。

⑤**解脫**：脫離繫縛的意思。原義指脫離束縛而得自在，其後隨著輪迴思想的發展，於是指脫離輪迴世界而進入解脫的境地，即為涅槃。

⑥**欲界**：三界之一。即地獄、餓鬼、畜生、阿修羅、人間及六欲天的總稱。這個世界有食欲、眠欲、淫欲等諸欲，所以稱

為欲界。

⑦《修行道地經》：本經共有七卷三十品，依順序呈顯出禪觀修道的階程。

⑧白骨觀：又稱為「不淨觀」，與「數息觀」古來被稱為二甘露法門，是觀想人的身體成為白骨的修法，其方法是心住於死屍的青淤腫脹的污穢，骨鎖集散的空無，自然離於欲想而不動不亂，而逐漸捨棄執著。

⑨眼通：為眼根具有特殊的視覺能力。

⑩隨息：隨息是指將心專注於呼吸的出入，入息時，心念隨著氣息進到身中的各部位，出息時，心念亦隨著呼氣而出。

⑪十六特勝：指十六種禪觀行法。這十六種法門，較適合定力多而慧性少的眾生修習。相傳世尊教導弟子們修習不淨觀，曾有人因為修觀而極端厭世，終告自殺。佛因此訴諸比丘，捨棄不淨觀而修習此十六特勝觀。即：知息入、知息出、知息長短、知息遍身、除諸身行、受喜、受樂、受諸心行、心作喜、心作攝、心作解脫、觀無常、觀離欲、觀滅、觀棄捨。

⑫《大乘莊嚴經論》：全書宗旨在闡釋菩薩所應修習的種種法門，論述大乘要義。

洪老師禪坐教室
諮詢信箱

傳真專線：2508-1733
永久信箱：台北郵政 26-34 號信箱
若有學習上疑問，請來信或傳真連繫。

洪老師禪坐教室 1

MEDITATION

靜坐

長春、長樂、長效的人生

◎作者——洪啓嵩

定價：200元

學習靜坐，可以讓你擁有「三長」的人生：長春——長壽而青春、健康的人生。
長樂——長壽、長春之外，而且喜悅快樂的人生。長效——永遠有價值、有效率的人生。
閱讀本書，可以幫助你完整認識靜坐，迅速掌握靜坐的方法和訣竅，擁有長春、長樂、長效的人生！

洪老師禪坐教室 2

RELAXATION

放鬆

深層解壓、喜樂自在

◎作者——洪啓嵩

定價：250元

放鬆是根本解除壓力奇妙法寶，本書所教授的放鬆禪法，是依據宇宙與我們自身的地、水、
火、風、空等五大元素的原理，所創發出的深層身心放鬆方法。能有效解除身心的緊張、壓
力，提昇工作效率，決策能力，創造卓越EQ，並能徹底解除生命壓力根本來源，隨時隨地安住
在放鬆的喜樂光明！

洪老師 3

MIAODING GONG

妙定功

附導引CD

超越身心最佳功法

◎作者——洪啓嵩

誰適合使用本書呢？如果您希望身體健康，又能修身養性，如果您沒有時間運動，夢想利用睡覺的時間運動；如果您家有希望長春長壽的銀髮族，或是正值發育的青少年；如果您希望身心氣脈修行圓滿；本書將為您帶來不可思議的驚喜！這套功法不但能使身心健康快樂，更能快速昇華到內在的覺悟、慈悲，是人類身心演化的大躍進！

定價：260元

洪老師 4

MIAODING GONG

妙定功 VCD

超越身心最佳功法

洪啓嵩 教授

定價：295元

洪老師 禪坐教室 5

THE CH'AN OF SLEEPING

睡夢 附導引CD

輕鬆入眠、夢中自在

◎作者——洪啓嵩

良好的睡眠品質，不僅可以讓我們的身心遠離失眠的困擾，更可以為我們的未來，加注更大的能量與潛力。本書所提供的睡夢禪法，是最根本有效解決失眠、惡夢等煩惱。不僅能增進睡眠品質，讓身心得到充分的休息與滋養，最後更能在夢中自在做主，馳騁於夢的世界，實現美夢的人生。

定價：240元

定價：280元

洪老師 禪坐教室 6

HARMONY

附導引CD

沒有敵者

強化身心免疫力的修鍊法

◎作者——洪啓嵩

沒有敵者，是從自心到生命、宇宙全體的和諧，從自心、呼吸、氣脈、身體乃至外境，發生最深沉的和諧。本書以全體生命和諧共生的觀點，提出人類面對SARS，乃至所有已知、未知病毒時的另一種思考，及有效提昇身體、心靈免疫力的修鍊方法，幫助讀者從心深透到身，乃至整個外境，得到完全光明和圓滿的和諧。

洪老師 禪坐教室 7

DREAM YOGA

夢瑜伽

附導引CD

夢中作主・夢中變身

◎作者——洪啓嵩

學習夢瑜伽，不僅昇華夢的品質，更可以揮別噩夢驚醒輾轉難眠的夜晚。掌握做夢的技巧，在夢中得到自在、自主，並能夠轉換身心、迅速增進生命能量，開創美夢人生的最高境界。

定價：200元

洪老師禪坐教室 8

如何培養定力

作　　者　洪啓嵩

發 行 人　黃紫婕

執行編輯　吳纘媜

美術設計　莊心慈

插　　圖　弓　風

出 版 者　全佛文化事業有限公司

　　　　　地址：台北市松江路 69 巷 10 號 5 樓

　　　　　永久信箱：台北郵政 26-341 號信箱

　　　　　電話：(02)2508-1731　傳眞：(02)2508-1733

　　　　　郵政劃撥：19203747 全佛文化事業有限公司

　　　　　E-mail：buddhall@ms7.hinet.net

　　　　　http://www.buddhall.com.tw

行銷代理　紅螞蟻圖書有限公司

　　　　　地址：台北市內湖區舊宗路 2 段 121 巷 28 之 32 號 4 樓

　　　　　　　　（富頂科技大樓）

　　　　　電話：(02)2795-3656　傳眞：(02)2795-4100

初　　版　2003 年 12 月

初版二刷　2010 年 8 月

定價新臺幣 200 元